谨以此书纪念甲骨文发现一百二十周年（1899～2019年）

说文补正

焦永超 著

陕西新华出版传媒集团 三秦出版社

图书在版编目（CIP）数据

说文补正 / 焦永超著. -- 西安 : 三秦出版社，
2021.6

ISBN 978-7-5518-2399-9

Ⅰ. ①说… Ⅱ. ①焦… Ⅲ. ①汉字 - 研究 Ⅳ.
①H12

中国版本图书馆 CIP 数据核字 (2021) 第 110875 号

说文补正

焦永超　著

出版发行　陕西新华出版传媒集团　三秦出版社
社　　址　西安市雁塔区曲江新区登高路1388号
电　　话　（029）81205236
邮政编码　710061
印　　刷　陕西天地印刷有限公司
开　　本　787mm × 1092mm　1/16
印　　张　19.25
字　　数　106千字
版　　次　2021年6月第1版
　　　　　2021年6月第1次印刷
印　　数　1—3000
标准书号　ISBN 978-7-5518-2399-9
定　　价　98.00元

网　　址　WWW.sqcbs.cn

序

我很高兴地看到焦永超先生的又一本关于文字学的著作——《说文补正》即将问世。

八年前，他出版了一本很有影响的文字学著作：《字根论》。那本书是基于他以最早的、成系统的汉字，也就是大量殷商时代甲骨文为研究对象，主要从意和形的方面理解和认识的话，应当说这本《说文补正》又有了新鲜的思想、新启的进步和新锐的挑战。我非常支持他的研究，并且借此机会发表一些意见。

第一，在这部《说文补正》里面，有一些对东汉时代许慎《说文解字》的延伸、拓宽和发展，例如读者可以见到：尢、父、舛、乏、旧、蛊等等字例，阅后将不无会心之一笑。还有一些，提出了和《说文解字》完全不同的意见，这也是很吸引人眼球的，例如：寺、蚩、敢、严、晋、宓、代、式、戚等等字例，从其中看出来和许慎的观点有着明显的区别，这些会给人有很多的启发和遐想；这里面有些是焦永超先生借助于传统考证，包括经史子集的悉心探究，也包括他对于“自古以来”汉字专门学术著作的心得体会，有延有革吧。

焦永超先生的研究有明显的特点，那就是乐于完全从现代的社会生活出发，对汉字的构造和应用大胆提出自己的意见。以上这些，单就方法论来说，并没有什么错误，尤其是汉字数量庞大，几千年以来服务于一个古老的民族，现在仍然是一个非常活跃的、世界上使用人数最多的母语文字。那么，在运用多种方法对汉字进行研究，这是必然的，也应当进行鼓励的。

第二，涉及了关于《说文解字》的态度。首先，在 1900 多年以前，许慎完成的《说文解字》，它的重要意义就在于不仅仅是汉字历史上最大的一本早期字典，也是汉字学研究发展史上的里程碑，也是当时作为一个中国学者敢于面对世界上最大的一个文字体系的一种学术的创举。1000 多年以来，成为后人们继续研究汉字的一个基本出发点，无论从什么角度来说，都值得今天的人们无比珍视。焦永超先生的这部著作，无论从命名，以至于体例，都能够看到《说文解字》的影子，反应了作者对先贤许慎的崇高的学术尊重。其次，焦永超先生又不是对《说文解字》的盲从或绝对迷信。因为毕竟许慎所处的时代，比现在早了许多，更多的地下出土文字他没有看到，他也不可能利用民俗学的方法，不可能利用其他多种多样的科学手段一起来研究汉语文字；而且他受到儒家古文经学派的影响很深，“正经”的意识成为主纲，所以许慎即使完成了一项伟大的工程，也是一个有缺点的工程。

长期以来学术界对于许慎和《说文解字》存在着两种倾向，一种倾向就是把许慎的工作神圣化、迷信化，不可怀疑、不可撼动；另外一方面又是以现在出土文物、出土文字的众多，而对他采取了基本否定的态度。我觉得焦永超先生所采取的，是有分析的、比较科学的态度。

第三，焦永超先生在这篇著作里面，更加突出地反映了长期以来我和他的一点共同认识：就是汉字这种文字，是从形出发，到意为止，“以形到意”完成了汉字体系的一个固化；开始形就是相对简单的意，后来诸形、诸意构成了复杂的形意、表意的文字体系。所以直到现在，汉字它还是一个很强的，也是当前世界唯一的一个表意的文字。但是，上面说到的“复杂”，表现在什么地方呢？复杂之处就是汉字的“意”，随着广大地使用这个文字的人群的社会生活，不断地复杂、丰富、多样，所以汉字的数量在经历不断地增减，使它的符号不断地调整，使之配合于汉语，具有长久的活力。这种活力如果以许慎提出的概念来说，就是以“会意字”和“形声字”达到了这个最高峰，关于形声字的问题在下面再谈。从汉字的象形、指事、会意这个造字逻辑系统出发，汉字本身就充满了活力，而这一点就使它走上了和其他拼音文字完全不同的道路。在这个逻辑的起点上，汉字实际上就是一字一词，每个字都有它相对固定的定义。单从这一点来说，这是人类思维、人类文化、人类文明的一个伟大遗产，它是通过汉字这样的文字表达出来的。

据目前的研究所知，即使是埃及的象形文字，其中也有拼音表意的内容，有拼音的结构和内容，所以和中国的汉字还是不完全一样。相当多的中国人误解了玛雅文化的文字，认为玛雅文化也是象形，其实不是，玛雅文字是拼音文字。那么从这个角度上来说，人们就应当更加珍视中国表意文字这份文化遗产了,况且，这个遗产现在还在非常有生气地活动在亿万人的日常生活当中。和拼音文字相比，它对知识的固化、信息的固化优势，可能在某些程度上还会超过一些拼音文字，这一点就更值得全人类的重视了。

第四，谈一谈关于汉字的声音的问题。处理形体语言、表情语言，人类主要使用以胸肺、喉、口运动的发声语言，与“发声语言”配合的任何文字都会有声音，这是一个不争的事实。汉字，由于使用的人群的基础在农业为基本生存内涵的社会环境当中，它以集体主义为基本的价值观，在至少从西周以后大一统的观念就日益深入人心，在这个基础之上又建立了高度发达的一元化的统治制度和统治结构。所以汉字它在表意为主，强调表意，而且这个民族也基本上认同、理解、懂得这个表意的时候，笔者认为主要在黄河流域、中原地区，古老的中华民族对某些文字首先是实体的指事的文字，有一种习惯性的读音，并且形成了体系；这也就是假定长安地区、洛阳地区有习惯性的，和早期文字配合的读音，可是必须冷静地知道，这种习惯性的读音不具备法制的规定的意义。这种情况直到很久很久以后，也就是汉语拼音方法成熟以后，才有可能以普通话和国语作为基础，再以某些符号来正音。

所以，汉字长期以来是不具备正音功能的，但是汉字不正音是不是就完全不考虑读音的问题呢？不是的，所以这里面存在着巨大的学术和实践的矛盾。人们现在怎么知道，这个事情在历史上怎么摸索解决呢？至少从东周时期开始，除了“直读”“读若”这些习惯性的学习、传承之外，就渐渐地产生了中国式的拼音方法，即所谓“反切”。那么到了西汉晚期和东汉的时候，像许慎以及其他的儒家们认识到、并且肯定了有所谓的“形声字”的时候，这实际上就对汉字的、对声音的理解上了一个大大的关键性的台阶。从这个角度来说，汉字进入了形声字阶段，汉字作为一种科学的文字以及具有完善的文字造字方式，它的发展就再也没有什么能限制它了。这一点焦永超先生也是认识非常明确的。

第五，关于意和音的互相运动问题。这个问题就复杂了，在这里不展开不全面的讨论。对于汉字在使用中，它有的借意的现象，“意”本身就带有它的习惯的声音，人们会以为是固有的声音；而有些借音的时候，又以“音”达意。这方面，将来有大块文章要做。

所以几千年以来，汉字在这里做了很聪明的不断处理。比如说，现在人们面对电脑对汉字的处理，无非有两种基本的方式，一种就是以“五笔字形法”为代表的，以字形来统揽它，但这里有一个问题，它用这个五笔字形来统揽的时候是“失意”的，就是并不考虑每个汉字具体的意义；另外一种方法就是“拼音方法”，拼音方法用得很多，这应当说是汉语汉字拼音化或者叫做国语化以后的一个伟大的进步，但是它拼出来每个字严格地说也不是表意的，那么连串的拼音它能组成一个词，它只是习惯性的以背后一个强大的字库、词库作为后盾，来表现在电脑屏幕上，这个并不能说明它就完全解决了汉字的表意的问题。所以焦永超先生这两部书为我们将来如何在电脑上就直接达意，实际上提出了一个问题，这个研究对人们总是有帮助吧。

第六，我还要讲讲关于“民科”的问题。不知从什么时候开始，许多领域的研究者是排斥或者鄙视“民科”的，对于这个态度，我认为并不利于科学全面地健康发展。这在汉字古文字研究领域里面表现得尤其明显，一看到新人、新面孔、新文论、新观点，专家、权威们往往要问出身、问师承、问建筑在多少理论阅读的基础之上。这三点询问从字面看都没有错，有了专门的学习机会、有了很好的老师指导、有了许多理论著作作为铺垫作为基础，这不是什么坏事。但是，凡事不能够绝对化，因为汉字应用的人群面广量大，因为汉字从实用文字到艺术文字，以及以汉族为主体的中华民族对它的感情之所在，所以研究汉字的队伍，如果从绝对专业的院校的角度出发，那是很小的，同样也是不正常的。尤其是在汉字，包括汉字今天的应用、汉字今天的词汇、词法，以及古文字领域，我都认为这个队伍太小，还是应当有一个较大的研究队伍。这些较大的研究队伍没有经费支撑，没有组织关照，但是每每有在这个系统之内、或者“主流”之内，人们所看不到的贡献和发明。前两天我和焦永超先生谈话谈心的时候就讲到，叫他去看看康殷的著作。康殷就是一个比较典型的“民科”，他的许多观点至今也为古文字学界所不能够接受，但是他是一个勇猛精进的人，有自己想法并且善于表达的人。

我就想到了一个问题，如果说以学校教育，以系统培养，以各种理论的著作作为基础一步步走的话，可能看起来并没有什么偏颇，但是路子将越来越窄，因为它形成了这个“木桶效应”，就永远箍在一个桶里面来做文章，永远受制于“木桶”的最低板子，不可能对学术有更加高水准的、更加深远的、更加充满活力的影响。

这二三十年以来，属于广义的“民科”范围内的汉字文字学的著作越来越多了。我想从两个方面谈，首先，这是个大好事，群众性的关心，并且在大家研究者不经意间，在许多人们没有注意到的方面，他们提出来了很杰出的意见，应当说他们从不同的角度推动了对汉字古文字的认识，推动了汉字学的科学研究。其次，我相信这些做“民科”的同志对汉字是有很深的感情的，同时他们会关注到两个大的方面：第一个大的方面就是以焦永超的《字根论》为代表的，他们能够直接就从汉字甲骨文关心起，关心最早的汉字体系给人们许多丰富的社会历史信息；第二，他们会关心所谓“学院派”先生们的研究，他们会把自己的研究和学院派的研究做一些比较，区别正确、准确、偏颇、错误，在这个方面有一句老话，但也是适合的，就是取长补短，学院派和“民科”都需要自觉地取长补短，这样才能使学术研究有更好的进步和发展。

焦永超先生正当盛年，在学术研究前途上无可限量，我也相信他会对极为热爱的祖国的汉字做出他自己独特的、独到的贡献。我跟他也很坦率地谈到，因为出了两本书了，也是白纸黑字啦，要谦虚大度地接受检验，接受人们的挑剔，接受朋友们的指责，这个对自己来说是一个再认识、再提高的过程，是一个规避错误、检验真理的过程。我不知道何时看到焦永超先生的第三部、第四部，以及更多的相关著作，但是我可以预期他的研究不会有终结，会有更多的卷帙出现在人们的面前，也会给人们带来更多的惊喜。我在这里建议他对自己已经发表的著作，不妨再做一些总结，认为有一些弱点、缺点、说服力不强的意见和观点，可以在后来的著作当中，做一些“复盘”式的学术交代，这个就表现了一种学者的大度，和一种不断前进的意志。在这一点我是相信他的，器局过小，拒绝批评，固执己见，那样对学科是没有什么帮助的。向大家伙认真地推介焦永超先生的这部新著，也恳请大家更热情地帮助焦永超先生。

周晓陆

庚子年大暑于长安

前言

“汉字为什么这样写是这个意思”，是治文字者必须面对和回答的问题，但要正确回答这个问题并不容易。因为随着社会的发展和语境的变化，汉字的字义重心从字源本义到引申义发生了偏移；另一方面汉字的形体也由早期的象形变为楷书，仅从汉字楷书形体是很难说清汉字的形义关系。甲骨文的发现和破译，为正确解答这一问题提供了条件。为此，本书着重讨论这样几个问题：

一、各种字典、词典都对汉字字义有较全面的解说，那么再对汉字字源解说还有必要吗？

答案是肯定的。我们举两个例子来说明：

例一：《老子》（第一章）**“玄之又玄，众妙之门”**。其中“玄之又玄”的真正含义是什么？

查《**古代汉语字典**》（商务印书馆出版）“玄”：①黑色。②红黑色。③幽远。④玄妙，深奥，神奇。《老子》第一章：“玄之又玄，众妙之门。”⑤玄学。⑥天。

再翻阅各种注释解读《老子》的书，关于这句话的解说与字典说法大同小异。

但从甲骨文象形符号含义分析：——玄[xuán]，其构形本义为一束纺好的线，如由该象形符号构成的字“”（丝）、“”（孙）等。故“**玄之又玄**”字面意思就是“将一束丝线一圈一圈展开”。这个过程用今天哲学术语讲有二层含义，一是指逻辑推理或事物发展的规律、脉络；二是指事物运动的基本特征——周期律。

常识告诉我们，这样的理解要比现有的标准答案更符合《老子》本义。“玄”在《老子》中出现多次，字义丰富，但这些字义都是由一束线引申而来：如“玄牝”指母系繁殖；“玄通”指本质的内在联系；“玄德”指本能、天性（布由线构成，一束线是布的最小单位）等。

例二：《论语·乡党篇》**“子曰：君子不器。”**
关于这句话的真正含义，我们还是从搞清“器”字的字源本义入手。
《**说文解字**》：皿也。象器之口，犬所以守之。
《**古代汉语字典**》：会意字，由犬和四个口字组合而成，表示许多器皿集中堆放在一起，中间有狗看着。本义指器物或器皿。①工具，器具。②本领，才干。③有才干的人。④气度，胸怀。
但从甲骨文象形符号含义分析：

——器[qì]

——四个口，表示多种口令。
——犬，狗的象形符号。
二形合在一起，本义指可以听懂很多口令的好狗。狗忠诚、警觉、嗅觉灵敏、奔跑速度快，是人类忠实的朋友和得力助手，尤其是能够听懂人指令的好狗。故狗的象形符号在这里表示“有用的、有价值”之意，有用的东西我们通常称为“器”。文字的读音源自于人对狗发出的冲出去的指令“去”，“去”在陕西话中的发音为[qì]（关于甲骨文的读音问题见《字根论》一书相关章节）。

“君子不器”字面意思就是：“君子不能成为走狗”。孔子的本义是说君子在忠诚、能干等素质的基础上，更要有“独立之精神，自由之思想”的高贵人格，这正是孔子的伟大之处。但后世的儒家或有意或无意背离了这一原则，后果严重。

关于孔子这句话的解说，目前最有影响的是朱熹的说法，他在《论语集注》说：**"器者，各适其用而不能相通。成德之士，体无不具，故用无不周，非特为一才一艺而已。"**（这种说法显然违背常识，难以成立。）也有人引《易经》"形而上者谓之道，形而下者谓之器"加以发挥，虽洋洋洒洒数千言，但逻辑难以自洽，仍没有脱离朱熹的观点。限于篇幅在这里就不重复。

由以上二个例子可以看出，汉字字义重心偏移，是今天人们在阅读古代早期文献时容易发生理解偏差的主要原因，但真正的问题在于，现有的字典并不能有效地纠正和解决这种偏差。另外，字义重心偏移以及汉字楷书，虽然使字义更加丰富、书写更加规范，但也造成汉字所承载的许多历史文化信息丢失，这就好比彩色照片变成了黑白照片一样。因此，借助甲骨文探寻汉字构形表意的理据，找回那些失去的历史文化信息和色彩，是非常有必要和有意义的。

二、汉字字源解说的依据和标准是什么？

有理造字是汉字构形表意最基本的特征。中国最早的字典《说文解字》（以下简称《说文》），依据篆书形体对会意字的形义关系做出了解说，但其中许多文字，比如对天干、地支、汉字数字等的解说都过于牵强，难以令人信服，有些文字字源解说空缺。其后，各朝代的文字学者在编写字典时，虽然收录汉字的数量在增加，如《玉书》收录二万多字，《康熙字典》收录四万多字，但在字源的探究上基本没有超越许慎。随着甲骨文的发现和破译，为重新认识汉字造字原理及形义关系提供了条件。商务印书馆组织当今众多学者和古文字学家，编辑出版了《古代汉语字典》（以下简称《字典》），其中增加了甲骨文、金文以及新发现的古文字材料，并借鉴《说文》等字书的成果，重新对汉字字源进行了解说。该字典的出版，反映了当今甲骨文及古文字研究的最新成果，广受好评，成为文科学生必备的工具书之一。但细审之下，该《字典》仍存在许多失误和不当之处，举例说明：

例一：关于甲骨文""的厘定

《字典》厘定为"浴"。本来是会意字，甲骨文如同一个人在大盆中洗澡；小篆中变为形声字，氵为形，谷为声。

但从象形符号含义分析，该甲骨文应厘定为“温”：

——温[wēn]（溫）

——出了很多汗的人象形描写。

——器皿象形符号，这里表示静止。

二形合在一起，本义表示一个人在静止不动的时候仍然出了很多汗，本义指天气热。该字构形与“”（宁）、“”（盂）相似。在卜辞中用为地名，即今河南省的温县。

该甲骨文字仅从构形上看很容易将其理解为一个人在洗澡，但甲骨文的破译不能简单地用看图识字的方法，而应从象形符号含义的角度加以分析。目前该字被厘定为“浴”字有误。

另外，关于温字的解说：

《**说文**》溫：水。出犍爲涪，南入黔水。从水𥁕聲。烏魂切。

𥁕：仁也。从皿，以食囚也。官溥說。烏渾切。

《**字典**》形声字，氵为形，𥁕（wēn）为声。本义为水名，温水。（但对“𥁕”的形义关系没有给出解释。）

例二：关于“朕”的字源解说

《**说文**》朕：我也。闕。直禁切。

《**字典**》构形、本义不详。古文由左部的舟和右部火、廾（gǒng，义为双手）组成。有人认为是会意字，表示双手举火将牲口血涂抹在船裂缝上。

从象形符号含义分析：

——朕[zhèn]（）

——舟，船的象形描写。

——双手掌舵或摇橹象形描写。

二形合在一起，本义表示船上负责掌舵的人（见图），引申指掌管国家的人，后演变为皇帝的自称。

例三：关于“法”的字源解说

《**说文**》灋：刑也。平之如水，从水；廌，所以觸不直者；去之，从去。方乏切。

《**字典**》本作灋，篆文是会意字，由表示公平的“氵”和代表传说中能明辨是非的一种野兽“廌”、表示驱除罪恶的“去”三个字组合而成，表示惩罚罪行像廌一样公平；隶书省略廌，写作“法”。本义指法律、法令。

从象形符号含义分析：

——法[fǎ]（灋）

——河流象形符号。

——去，表示一个人外出之意。

——廌[xiè]，由“”（牛羚）和“”（马）合体构成，表示角马（牛羚）群。三形合在一起，表现的是角马群在迁徙途中淌河而过这种状态的会意描写，这种壮观的景象我们今天可以在《动物世界》纪录片中看到，它所表达的“法”的概念有这样几层含义：

1. 角马是群体性动物，角马的迁徙是生存需要的必然选择，体现“法”的必然性和强制性。

2. 角马迁徙是群体一致的、自愿的行动，每个个体都要靠自己的力量走过相同的距离，体现“法”的公平性和公正性。

3. 河流是角马迁徙道路上必须跨越的障碍，面对险境自然有最勇敢者挺身而出第一个奋勇下水带领群体向前冲，体现“法”的引导性和示范性。

4. 法具有自然而然的属性，法的最高原则是顺应自然规律。

这就是中国古人对“法”的本质和精神的理解与阐释。在西方文化中，法的权威性来自神授，我们从《圣经》中摩西率领犹太人出埃及时宣布“十戒”的故事可见一斑。法是一个内涵极其丰富的概念：用为名词，表示“法律、法令、标准、方式”等；用为动词，表示“按照已有的标准去做、仿效”等。

例四：关于“庆”的字源解说

《**说文**》慶：行賀人也。从心从夊。吉禮以鹿皮爲贄，故从鹿省。丘竟切。

《**字典**》会意字，繁体写作慶，由鹿省去比、心和攵三个部分组合而成，表示在吉日时送鹿皮略表寸心前往庆贺。本义为去庆祝别人。

从象形符号含义分析：

——庆[qìng]（慶）（）

——角马的象形描写。

——文，编织符号，这里指用绳子捆绑。

二形合在一起，表示用绳子把捕获的大型猎物捆着脚抬回来的状态会意描写（将这个字倒转 180 度，见汉画像石图）；庆的本义指因收获而喜悦。

例五：关于“厉”的字源解说

《**说文**》厲：旱石也。从厂，蠆省聲。力制切。

《**字典**》繁体写作厲，是形声字，厂（hǎn）为形，蠆省作萬为声，今简化作厉。本义是指质地粗硬的磨刀石，这个意义后写作砺。

从象形符号含义分析：

——厉[lì]（厲）

——平面符号。

——蝎子象形符号。

二形合在一起，本义表示人被蝎子毒刺蛰到后在皮肤局部形成的红肿和刺痛感，引申指“厉害、严厉”等。

由“厉”为偏旁构成的形声字：励、砺、蛎、枥。

由以上举例分析，我们可以得出这样几个基本的判断：

1. 汉字的早期形体甲骨文、金文、篆书都属于象形文字。象形文字由象形符号单独或组合构成。

2. 象形文字的字义取决于其本身象形符号的含义。象形符号的含义与其生活原型的功能、用途以及象征性文化含义有关。

3. 在含有同一象形符号的字族文字中，该象形符号的含义应保持一致。

4. 就造字方法而言，所有的汉字都可以归为二类：会意字和形声字。

其实，许慎虽然将汉字的造字方法定为“六书”，但实际上他在《说文》中是将汉字分为会意字和形声字两种类型进行解说，是客观上的“二书”说（《字典》也是一样）。因此，本书在原理和方法上与《说文》是一脉相承的，本人所做的工作也只是在许慎《说文》的基础上，把他没有完成的工作进一步向前推进并有所突破。具体表现在：一是把构成汉字的核心部件——象形符号的生活原型缺失的部分找到了，或者说破译了；二是依据甲骨文等新发现的古文字材料，对《说文》和《字典》中常用会意字的字源解说缺失和有误的做了补充和更正。

汉字历史悠久且数量庞大，从甲骨文到汉字楷体，历经数千年的磨砺和蜕变已面目全非，要想追踪辨识每一个汉字的童年肖像是一件艰难而有趣的工作，也是一件很有意义的事情。自《说文》成书以来，研究《说文》和汉字的著作可谓汗牛充栋，而考证解说汉字的文章以及散布于经传注释、札记中的更是庞杂浩繁，要想遍览做穷尽式的搜索几无可能。故本人只好采用偷懒的办法，将精力主要集中在《说文》和《字典》对字源的解说上。因为本人相信《字典》的编纂者们已经将这项庞杂的梳理考证工作做过了，他们的结论代表着当今学界最新的研究成果。正如《字典》在前言中所说，“我们组织并诚邀中国社会科学院、北京大学等权威学术机构的数十位古代汉语言专家、学者，历时数年，精雕细镂，终于完成了这部集语言、文化、历史、审美以及实用等为一体的力作：《古代汉语字典》……本字典特别重视对字源的阐释，专门在字头后下设了‘字源’项，不仅阐明了字的构造，而且揭示了字的演变过程，此外，还在字头后依次列出了甲骨文、金文、小篆和隶书等形体，并标明了每种形体的来源……”基于这种情况，本人只需要在他们卓有成效工作的基础上，采用“象形符号含义分析法”，对他们的成果进行检验和补正即可。当然，本人所做的“补正”工作只是个人的看法，并非定论，仅供读者参考比较。

但是，偷懒的办法也存在着眼界不够宽阔、资料掌握不充分的缺陷，本书中难免存在部分字源解说实际上前人早已阐发而自己还不知道的情况。这种相同或类似的情况决非是本人故意夺人之美，就当作是对前人研究成果的再次论证和肯定吧，在此本人真诚地欢迎读者帮忙一一指出，若本书有机会再版时一定采纳并做标注说明，以示对前人成果的尊重。但本人相信，本书的“补正”工作更多的则是发前人所未发。因为有数十个甲骨文象形符号的生活原型是本人发现的，而由这数十个象形符号构成的字族文字数量也是非常可观的，相信这部分汉字字源新释对汉语教学工作者和文字爱好者都会有所启发和帮助。由于本人才疏学浅，书中难免会有错误和不足之处，真诚欢迎读者批评指正。

作者
2019 年 10 月
3533287677@qq.com

凡 例

1. 字头

1.1 字头所用汉字形体以现在通行的正体字为标准，拼音以[ ]形式列出，如甲[jiǎ]。对于同一个甲骨文演化为两个汉字形体的情况，在字头并列体现，例如玄[xuán]幺[yāo]。个别情况下，符号形体也做为字头列出，例如丂[kǎo]。

1.2 字头后依次列出甲骨文、金文、小篆形体，其中甲骨文、金文除极少数选自其他字书外，其余均取自《古代汉语字典》(商务印书馆)。甲骨文、金文、小篆形体不存在（或不明确）的情况下不予列出。两个字头的情况下，若小篆形体不同则依次单独列出。

2. 说文

2.1《说文》摘录了字头对应形体（或其繁体/小篆）的《说文解字》原文内容，但不包括其中的古文、籀文形体及字义。并且参照《现代汉语字典》新旧字形表将其中涉及的旧字形更改为新字形。个别情况下，还摘录了与字头联系紧密的其他字例的说文原文及小篆，并以单括号形式呈现。如陆和坴。二个字头的情况下依次呈现。说文原文缺的情况下注明“缺”。

2.2《说文》内容以繁体字形列出。

3. 字典

3.1《字典》摘录了字头对应形体的《古代汉语字典》【字源】原文内容。二个字头的情况下依次呈现。原文缺的情况下注明“缺”。

4. 补正

4.1 对于由单一象形符号构成的甲骨文形体，只说明其生活原型、揭示其本义和引申义。

4.2 对于由象形符号组合构成的甲骨文形体，为方便理解，将其拆分为两个或多个象形符号，并一一说明其生活原型及含义，揭示其构形本义和引申义。

4.3 随文选配图片形象直接地揭示字形和字义的关系，从而帮助读者更好地理解。

4.4 繁体字、异体字或小篆字，以单括号形式附列在正体字后。涉及多个时，仅选取一个予以呈现。

5. 拼音

5.1 全部字头均按《汉语拼音方案》的规定，用汉语拼音字母以普通话读音标注，按四声标调。

5.2 一字多音的字头仅标注与字义有关的读音。若仍涉及多种，则在字头部分标注一种常见读音，补正部分标注两种读音。

6. 补正字表

6.1 字表以字头所列汉字形体和页码为内容，以标准汉语拼音顺序排列。

目录

导言　汉字原理

1.1 什么是象形文字

所谓象形文字，就是由象形符号单独或组合构成的形音义三位一体表达概念的最小语言单位。文字是文明的标志。审视世界早期人类文明，它们有一个共同的特征：都使用的是象形文字。

埃及象形文字

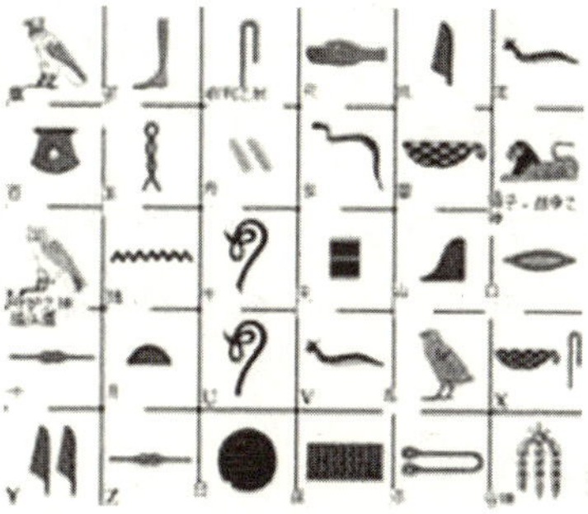

中国象形文字

汉字的早期形体甲骨文、金文、篆书，在本质上相同，都属于象形文字，也就是说甲骨文和金文都可以拆分为一个或多个象形符号：

由单一象形符号构成的文字

例 1：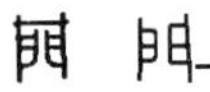——门[mén]（門）

其构形为带有两扇门板的大门象形描写，通常表示城门或官府所在地。

例 2：——户[hù]

其构形为单扇门板的小门象形描写，表示平民之家。

由两个象形符号构成的文字

例：——典[diǎn]

——双手象形描写，表示专业和恭敬。

——册，用竹简编织成的书籍象形描写。

二形合在一起，表示具有权威性的书籍，如字典、法典等。

由多个象形符号构成的文字

例：——庙[miào]（廟）（见成嗣子鼎铭文）

——房子象形符号。

——房门象形描写，其中的月形表示两扇门板可以开闭。

——束，两头捆扎的包裹象形描写。

三形合在一起，表示有许多开间连在一起的大房子，即后来的明堂、大殿（见图），殷墟考古证明了这种建筑的存在。

目前所见商代的文字遗存以甲骨文为主体，数量最多，金文、陶文数量较少；西周的文字遗存以金文为主体，甲骨文、陶文数量较少。因为我们关注的重点是象形文字表意原理，故将甲骨文和金文归为一体加以讨论，在这里统称为甲骨文或甲骨文象形符号。

汉字（楷书）是由早期的象形文字演化而来，其演化过程如下：

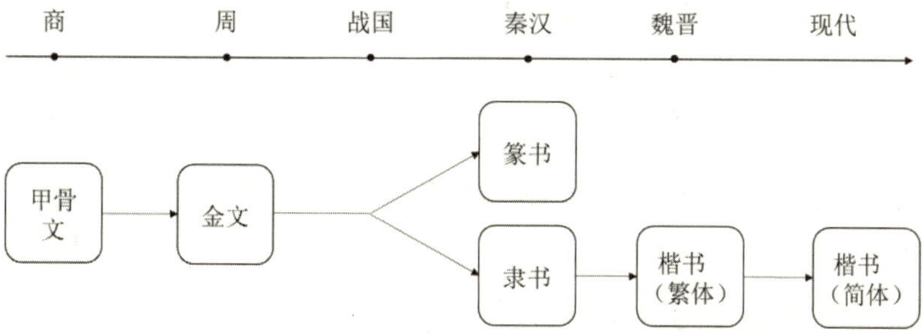

例 1

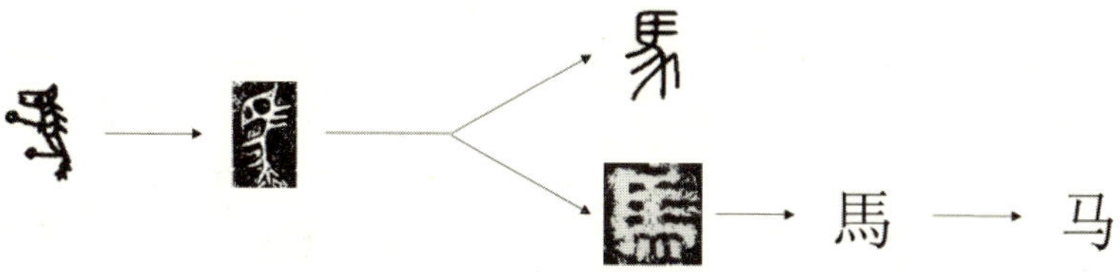

例 2

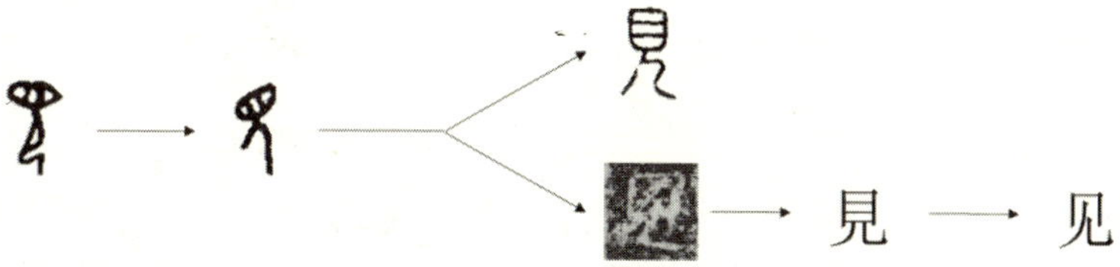

社会需求是汉字形体演变的内在动力。随着社会的发展，文字的使用者由高级贵族阶层下沉到中下阶层的官吏，文字承担起了更多的社会管理职能，因此，对文字书写的规范化和书写效率有着内在的需求，可以说，汉字楷书形体是社会发展的必然产物。汉字形体从象形变为楷体后，优点是汉字走向规范化，更加严谨；缺点则是形义关系不清晰、不直观，许多历史文化信息也丢失了。

1.2 象形符号

象形符号来源于生活中的普遍存在，每个象形符号都有其生活原型，当时的人们见而可知其名其用，共同生活经验是象形文字易懂易学易普及推广的基础。象形符号对于象形文字来说就好比是字母和单词的关系。故要搞清甲骨文字形义关系，就必须首先搞清甲骨文字中究竟使用了多少个象形符号，以及每一个象形符号的生活原型和含义。根据作者统计分析，现将甲骨文中重复使用的象形符号列表如下：

1.2.1 象形符号一览表

（1）远取诸物：自然及工具用品类象形符号

	象形符号	生活原型及含义
1	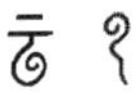	云，云朵象形
2		雨，下雨象形
3		日，太阳象形
4		月，月亮象形
5		气，刮风象形
6		山，山脉象形
7		氵，水，河流象形
8		渊（淵），水潭象形
9		泉，原，泉眼象形
10		川，山谷中的河道象形
11		州，河流中的滩地象形
12		丘，丘陵地貌象形
13		谷，山谷象形
14		土，黄土台塬地貌
15		石，石制乐器磬
16		火，火焰象形
17		尞，四处蔓延的火
18		木，一棵树象形
19		朿，植物上的刺象形
20		艹，草，小草象形
21		生，正在长高的草
22		⺮，竹，倒垂的竹叶
23		桑，桑树象形
24		华（華），花
25		果，树上结果象形

26		瓜，藤蔓结果象形
27		禾，谷子象形
28		来（來），麦子象形
29		米，去壳粮食象形
30		月，肉，带肋骨的肉
31		贝（貝），蚌壳象形
32		玉，多次刻划会意
33		朋，同类物品成串
34		田，农田象形
35	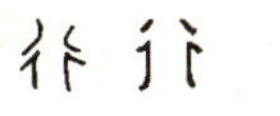	行，十字路口象形
36		亚，王室标志符号
37		示，祭台或供桌象形
38		井，水井象形
39		宀，房屋或窑洞象形
40		穴，两个出口的洞
41		门（門），两扇门板
42		户，单扇门板
43		皇，晴天的太阳
44		主，油灯象形
45		冏，墙上圆形窗户
46		席，席子象形
47		几，凳子或矮桌
48		疒，片，床板侧视图
49		其，箕，簸箕象形
50		帚，扫把象形
51		亘，大管箩象形
52		臼，石臼象形
53		工，夯土夯具象形
54		力，鞭子象形
55		耒，农具象形
56		平，天平象形
57		久，烙铁象形
58		斗，长柄勺
59		鼎
60		鬲，盛奶制品容器
61		豆，盛菜容器
62		食，盛主食器皿
63	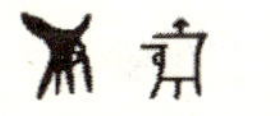	爵，古时酒具
64		皿，容器象形
65		亨，享，蒸笼象形

66		曾，蒸汽透过笼屉
67		由，甾，漏勺
68		了，活扣绳套象形
69		网
70		陷，坑或陷阱象形
71		勾，鱼钩象形
72		乂，剪刀象形
73		刂，刀，刀象形
74		尔（爾），矛头象形
75		单（單），弹弓象形
76		弓
77		矢，一支箭象形
78		矛
79		戊，宽刃大斧象形
80	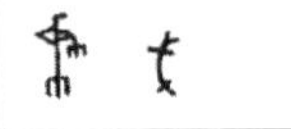	戈，像镰刀的兵器
81		干，树干象形
82	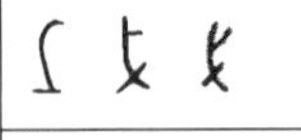	弋，标枪象形
83	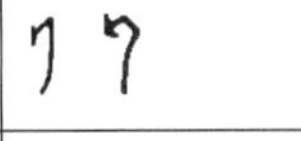	斤，斧头象形
84	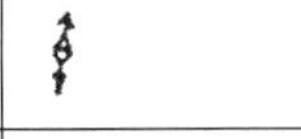	幸，古代枷锁象形
85	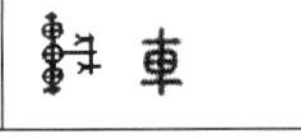	车（車）
86		两，车横木两个“厄”
87	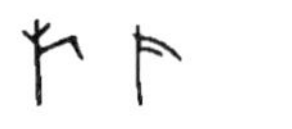	㫃，旗帜象形
88		壴，鼓
89		琴，古琴象形
90	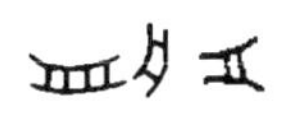	石碾象形
91		甬，用，水桶象形
92		册，竹简或围栏
93		卜，灼烧胛骨的树枝
94		兆，甲骨裂纹象形
95		幺，玄，一束丝象形
96		叀，纱锭象形
97		白，构形不明
98		巠，织布经线象形
99		巾，长布条象形
100		衤，衣，古时衣服
101		文，编织符号，纹饰
102		帽，儿童帽子象形
103	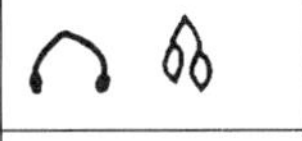	终，绳子两端打结
104	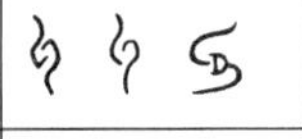	丩，绳子拧搓状态
105		束，物体两端捆扎

106		柬，鸟笼或篱笆象形
107		小，指示符号
108	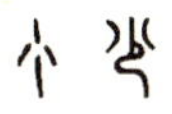	少，指示符号
109		上，指示符号
110		下，指示符号
111		入，编织时插入象形
112		出，编织时拉出象形
113		振动符号
114	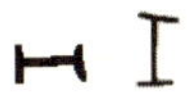	工，捆扎、固定符号
115		亘，螺旋线或同心圆
116		纺，纺车象形
117	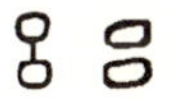	吕，脊椎骨象形
118		羽，翅膀羽毛象形
119		非，位置错乱的羽毛
120		革，完整兽皮象形
121		毛，动物尾巴象形
122		角，牛角象形
123		曲，弯曲物体象形
124		廌，角马象形
125		犬，狗象形
126		虎，老虎象形
127		兕，犀牛象形
128		龙（龍），大蟒蛇象形
129		风，凤（鳳），孔雀
130		鸟，公鸡象形
131		牛，牛头象形
132		羊，山羊象形
133		马（馬），马象形
134		豕，猪象形
135		兔，兔子象形
136		鼠，老鼠象形
137		鹿，鹿象形
138		龟，乌龟象形
139		黾，青蛙象形
140		朱，蜘蛛象形
141		象，大象象形
142		鱼（魚），鱼象形
143		佳，鸟象形
144		豸，瘦长的野狗象形
145		万（萬），蝎子象形

146		虫，它，蛇或毛虫

147		能，熊，熊象形

（2）近取诸身：肢体象形符号

	象形符号	生活原型及含义
1		大，四肢分开的人
2		亻，人，向左（外出）
3		亻，人，向右（返回）
4		卩，跪坐姿态的人
5		欠，张嘴跪坐的人
6	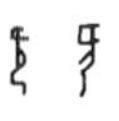	旡，扭头张口的人
7		跑动姿态的人
8	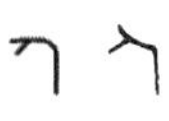	勹，弯腰的人
9		尸，蹲着或坐着的人
10	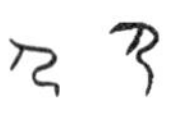	厥，趴着的人
11		长，拄拐长发老人
12		兀，头顶象形
13		歹，双腿并拢躺倒的人
14		交，双腿交叉站立
15		亢，挺直站立不动
16		夭，仰头或歪脖的人
17		女，跪坐姿态的女人
18		子，襁褓中的婴儿
19		母，突出乳房的女人
20		身，强调腹部的人
21		参，头衔多的人
22		乔（喬），踩高跷的人
23		耑，头发迎风吹起
24		页（頁），首，头部
25		目，眼睛象形
26		眉，眼睛和眉毛象形
27	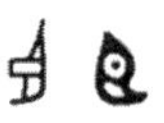	臣，仰视的眼睛象形
28	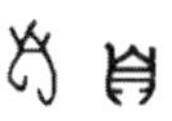	自，鼻子象形
29	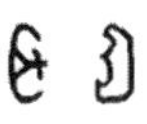	耳，耳朵象形
30		口，嘴象形
31	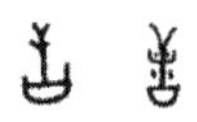	舌，分叉的舌头象形
32		齿（齒），牙齿象形
33		牙，互，咬合的牙

34		骨，脊椎骨和肩胛骨
35		忄，心，心脏象形
36		囟（卤），胃的象形
37		左，佐，左手象形
38		又，右，右手象形
39		共，双手象形
40		爪，手掌朝下的手

41		厷，胳膊上发达的肌肉
42		攵，手持棍子象形
43		殳，手持榔头象形
44		止，左脚象形
45		止，右脚象形
46		夂，返回的脚
47		舛，左右交叉的双脚

（3）生活原型不明的象形符号

	象形符号	生活原型及含义
1		一
2		二
3	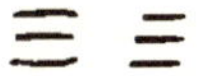	三
4	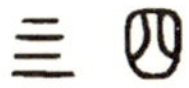	四
5		五
6		六
7	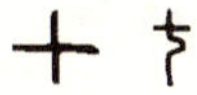	七
8		八
9	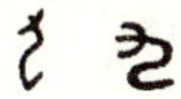	九
10		十

11		甲
12		乙
13		丙
14		丁
15	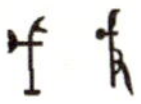	戊
16	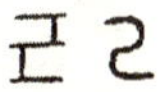	己
17		庚
18		辛
19		壬
20	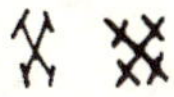	癸
21		丑

22		寅
23		卯
24		辰
25		巳
26		午
27		未
28		申
29		酉
30		戌
31		亥
32		凡
33		丹
34	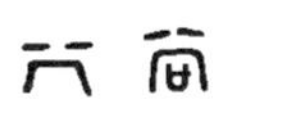	尚
35		且
36		冉
37		自
38		亼
39		木

40		厂
41		丂
42	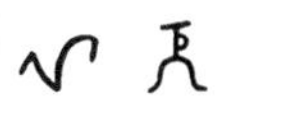	厄
43		阝，阜
44		市
45		也
46		东（東）
47		西
48	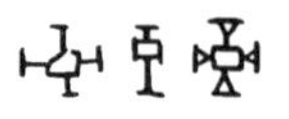	畐，箅
49		良
50		畀
51		贞
52		永
53		乃
54		余
55		弗
56		尺
57		岂，豈

这里特别需要指出的是，由人的肢体类象形符号单独或组合所表达的肢体语言极大地扩展了象形符号的表意功能，克服了象形符号的有限性与肢体语言的丰富性的矛盾，衍生出了大量的汉字；另一方面，从社会治理来说，对人的行为进行规范，即对肢体语言的规范，是社会建立秩序走向文明的有效手段和必由之路。因此，这些由表达肢体语言而形成的汉字从创造之初就被赋予了社会治理和教化的职责，体现在维护社会和谐的良好行为受到认可和鼓励，如敬、尊、友、信、真、善、美等等；不良的行为则会被惩戒，如蔑、服、囚等等。由此联想到孔子强调“克己复礼”的社会治理主张，实际上有着更久远的文化渊源。故文字本身所体现的价值观是中国文化传统中独特和强大的基因，塑造着中国文化的面貌和精神，解读汉字就是解读中国文化基因。真正了解和认识中国文化必须从认识汉字开始。

1.2.2 象形符号制图方法

如何用有限的、规范的“形”，来表达客观世界中无限的“象”，这并不是一件容易的事。象形文字创造者首先要对客观世界中无限的“象”进行归类，然后再从类中提取其共性特征并赋予规范的“形”——象形符号。这就要求象形符号构图既传神又简洁，既要保证能清晰准确所指，又要书写上不能复杂，可以说，每一个象形符号都是精心设计的图标，具有极强的艺术性和美感。象形符号最大的优点是人人见而可知其所指。基于共性生活经验，这些象形符号的功能、用途以及象征性文化含义是那个时代人尽皆知的常识，这也是由象形符号构成的文字易懂、易学的原因所在。由于象形符号追求神似而非形真，在这一点上与中国绘画艺术的审美境界高度契合，所谓“书画同源”的道理即在于此。因此我们需要从制图学和美术技法的角度来理解象形符号的构图思路和表达方法。

（1）正视图

——大，其构形为四肢分开、正面站立的人象形描写，其肢体语言表示高大、强壮和保护之意，陕西方言中称父亲为“大”。

——贝（貝），其构形为贝壳（蚌壳）的象形描写，中国古代早期的货币。

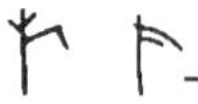——其构形为旗帜象形符号。

——木，其构形为一棵树的象形描写。

——鬲，其构形为古代三足为乳房造型的容器象形描写。

（2）**侧视图**

——人，其构形为侧立行走之人象形描写。

——卩，其构形为跪坐姿态的男人象形描写（见图：商代石像），表示人处于休息、谈话等非劳动状态，是文明礼貌，有教养的身体姿态。

——龟，其构形为乌龟的侧视图象形描写。

（3）**俯视图**

——龟，其构形为乌龟的俯视图象形描写。

——井，其构形为古代井的俯视图象形描写（见图）。

——原，其构形为泉眼的俯视图象形描写。

（4）**剖视图**

——皿，其构形为盆等容器的象形描写，泛指容器。

——宀，其构形为房子的象形描写。

——穴，其构形为有两个出口的洞的象形描写。

——臼，其构形为用于捣碎食物或脱去谷物外壳的凹形器物剖面图象形描写。

（5）侧视加俯视图组合

——车（車），其构形为两匹马拉的车象形描写，图中车轮由侧视图构成，车身由俯视图构成。

——土，其构形为黄土台塬地貌（俯视图和侧视图）的象形描写。该字的构形和表意反映出文字创造者的生活环境特征。

（6）斜视图

——母，其构形为突出乳房的女人象形描写。

——女，其构形为双手并拢放在腿上跪坐姿态的女人象形描写（见图：汉代陶俑），表示有教养、仪态端庄的淑女形象。

1.2.3 象形符号表意方法

（1）象形符号方向性含义

——屰，其构形为倒写的“”（大）。

——止，左脚的象形符号，表示站立、外出。

——止，右脚的象形符号，表示站立、到达。

——夂，其构形为倒写的止，表示返回、向下。

——从，其构形为一前一后两个人（向左，表示外出）。因为外出方向不明确，故本义指跟着走。

——比，其构形为一前一后返回的两个人（向右，表示返回）。因为返回时方向和目标明确，故表示比赛。

——羽，其构形为鸟翅膀上平行排列的羽毛象形描写。

——非，其构形为鸟的左右翅膀颠倒（非正常）状态象形描写，引申指“不对、不正确”。

（2）象形符号功能性含义

 ——左，其构形为左手的象形描写。在生活中人们通常习惯用左手固定东西，右手完成工作，例如，钉钉子时左手扶钉子，右手持锤，因此左手象形符号含有“固定、辅佐、帮助”之意。

 ——右，其构形为右手的象形描写。右手是人身体上最灵活、灵巧的肢体，可以完成复杂的工作，因此该象形符号含有“抓取、灵活、做、完成、达到”之意。

 ——爪，其构形为手掌朝下的手象形描写，表示抓取。

 ——牧，由“”（牛）和“”（手持棍子）组成，表示放牛。

 ——牧，表示放羊。

由甲骨文不同的牧字，反映出象形文字独特的表意功能。

 ——并，其构形表示将两个人合并为一组，只强调集体不强调个体。

 ——並，其构形表示两个人并排而立，强调集体的同时更强调个体。

 ——替，其构形为一前一后站立的两个人象形描写，表示前面的人替代后面的人。

（3）象形符号拆分用法

——云[yún] 

其构形为天上的云朵象形描写（见图：云纹）。云在早期文化中具有特殊的含义，《史记·五帝本纪》：“（黄帝时代）官名皆以云命，为云师。”意思为当时的官员以“云”纹图案为标志。

——元[yuán]

——甲骨文云的上半部分符号，表音兼表意。

——侧立行走之人象形符号。

二形合在一起，表示这个人的身份是所有人中级别最高的，引申指第一位，即“元首”，由领头人引申指一年开始的第一天，即元旦。

——允[yǔn]

——甲骨文云的下半部分符号，表音兼表意。

——侧立行走之人象形符号。

二形合在一起，本义表示一个身份比元首低的官员，用为动词表示允许、同意。如由该象形符号构成的字“”（畯）、“”（峻）等。

——以[yǐ]

——侧立行走之人象形描写。

——云字的下半部分符号。

二形合在一起，表示一个人手持官印或官方文凭之意，以的本义指凭借。

（4）象形符号数量多表达方法

象形符号重复则表示数量增多。

——林（可以数清）。

——森（数不清）。

——卣[yǒu]，古代一种像葫芦的装食用油的器物象形描写（见图）。

——现有汉字中没有这个字，在甲骨文中表示生产加工油的作坊，即“油坊”。

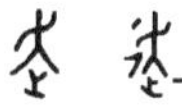——走[zǒu]

——摆动双手跑动的人象形描写。

——脚的象形符号。

二形合在一起，本义指跑，后指步行。《韩非子·五蠹》：“兔走触株，折颈而死。”

——奔[bēn]

——摆动双手跑动的人象形描写。

——三个止，表示快跑。

二形合在一起，表示一个人快速奔跑。

（5）象形符号组合构图表意

——罟[fú]（见墙盘铭文）

——鱼网象形符号。

——网提起时的象形描写。

——勺子象形符号。

三形合在一起，表示将四周用竹杆固定的网从水中提起时用抄网捞取鱼虾的状态会意描写，本义指用网捕鱼。

——昆[kūn]

——日，太阳象形符号。

——鸟的双脚象形描写。

二形合在一起，表示太阳在天空慢慢移动的状态会意描写。中国古人认为太阳的移动现象是由一只乌鸦驮着太阳在天空中行走（见图：汉代石刻画像中的太阳）。《广韵》：“昆，兄也。”《大戴礼记》：“昆，众也。”《说文》：“昆，同也。”

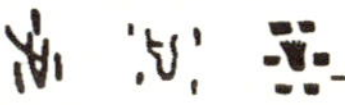——迹[jì]（跡）

——水珠或雨点，这里表示数量多。

——右脚象形符号，表示停留。

二形合在一起，本义表示地上留下的许多脚印，即“迹（跡）”字，甲骨卜辞“迹藏告曰土方征于我东”中用为人名，“迹藏”，推测应相当于督察官。目前《字典》将该甲骨文厘定为“沚”是不对的。

许多汉字的构形和表意反映当时人们对事物的认识和解释，体现时代文化的特征。了解和掌握这种时代文化特征反过来又可以帮助我们正确理解象形文字构形与表意内在的逻辑关系。

（6）图画类文字

——尿[niào]

其构形为一个正在小便的人象形描写。

——屎[shǐ]漏[lòu]

其构形为一个正在拉屎的人象形描写，后分化为二个字：(1)屎；(2)漏，本义指拉肚子。

——斗[dòu]（鬥）

其构形为两个头发散乱、相互厮打的人象形描写，繁体由两个相对的拳头（丑）构成，斗的本义指打架。

在甲骨文字中，图画类文字的破译是非常困难的。例如：

——侃[kǎn]（尚未破译的字）

其构形为一个吹奏乐器的人会意描写（突出了人手省略了乐器），本义指称赞、颂扬，引申指说话流利，说大话。

——睿[ruì]（见墙盘铭文。尚未破译的字）

其构形为在几条小溪交汇处筑成水坝之后形成的深而宽阔的水面象形描写（由“谷”演变而来的字）；由水深而清澈引申指人看问题深入和透彻（见图：三峡大坝）。

1.3 汉字造字方法

《说文》:“周礼八岁入小学，保氏教国子先以六书。一曰指事，指事者视而可识，察而可见，上、下，是也。二曰象形，象形者画成其物，随体诘诎，日、月，是也。三曰形声，形声者以事为名，取譬相成，江、河，是也。四曰会意，比类合谊，以见指撝，武、信，是也。五曰转注，转注者建类一首，同意相授，考、老，是也。六曰假借，假借者本无其字，依事指事，令、长，是也。”

许慎“六书”说影响很大，但争议也很大。为了更好的理解“六书”，我们重新选取字例加以说明：

（1）**象形字**： ——口，嘴的象形符号。

（2）**指事字**： ——曰，在口上加指示符号，表示这个人说。

 ——甘，在口中加指示符号，表示甘甜之意，因为苦的东西人们通常不会含在口中。

（3）**会意字**：**甜** ——由舌和甘构成。

 ——香，由禾和甘构成。

（4）**形声字**：**柑** ——木为形，甘为声。

泔 ——氵为形，甘为声。

（5）**转注字**：**钳** ——由“甜”的字音转注而来，陕西关中方言二字读音相同。

（6）**假借字**：——犬鱼，假借指“**痊愈**”。（见成嗣子鼎铭文）痊愈是后造的形声字，但犬和鱼本身都是象形字。

其实许慎“六书”中的象形字、指事字都可归入会意字；转注字可归入形声字；假借属于用法而非造字法。故汉字的造字方法可以归为会意字和形声字二大类，即“二书”。“二书”造字说使汉字的分类变得简单易行，为正确理解汉字的形义关系提供了前提。

补正一　汉字数字释源

表示十进制的汉字数字有：

一　二　三　四　五　六　七　八　九　十　百　千　万

这些符号在甲骨文中写作：

其中的百、千、万可以看出是由象形符号构成的，其余十个数字符号的象形性都不明显。有人认为数学是一套抽象的概念体系，数字是超越任何具体事物的绝对抽象概念，故汉字数字符号是人类最早的抽象符号系统之一，甲骨文数字符号究竟是抽象符号还是象形符号，解决这个问题的方法还是要从现实生活入手。在陕西关中及西北部分农村地区，至今仍保留有一种奇特的风俗，秋冬季人们在自由市场交易牛、羊、土特产等货物，当买方相中要买的货物时，买方就会把手伸进卖方的棉袄袖子中用摸指头的方式讨价还价，整个讨价过程双方都不说话，只凭摇头或点头确定是否同意价格，双方满意则付钱交货，价格谈不成双方把手分开，放弃交易。中国西北地区历来都是农耕与游牧民族相邻或混居地带，不同族群间在语言不通的情况下进行商品交换现象很频繁，用手语进行沟通的交易方式则成为必然的选择，更重要的是这种交易方式还能避免其他人的介入和干扰而引发的矛盾。手语数字是一种约定俗成，简单易学，配合点头、摇头或表情等其他肢体语言就可以完成交易。由于农耕社会的稳定性，这种古老的手语数字表达方法代代相传至今。通过比较我们可以发现，甲骨文中的十个数字符号我认为与今天我们仍在广泛使用的手语数字表达方法是相对应的：

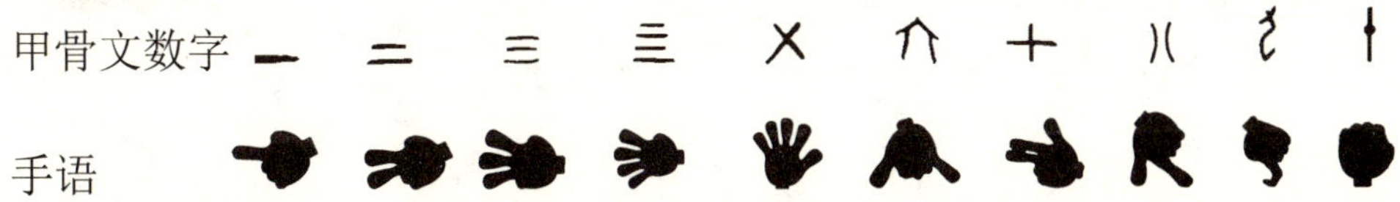

一[yī]　甲骨文 　金文 　小篆

《**说文**》一：惟初太始，道立於一，造分天地，化成萬物。於悉切。

《**字典**》指事字，用一横画表示抽象的数目一，古文写作弌。本义指“数之始也”。

补正： ——一[yī]

其构形为手语中伸出的食指。

二[èr]　甲骨文 　金文 　小篆 

《**说文**》二：地之數也。从偶一。而至切。

《**字典**》指事字，古文由两条长度相等且不相交的短线表示。本义为数目字，指一和三之间的整数。

补正： ——二[èr]

其构形为手语中伸出的食指和中指。

三[sān]　甲骨文 　金文 　小篆 

《**说文**》三：天地人之道也。从三數。穌甘切。

《**字典**》指事字，由三横组成，每横都是表数符号；古文字又写作弎，是会意字，由三和弋两部分组合而成，弋指算筹，即古代计数用的器具，在这里表示弎字是数字名。本义为数字“三”。

补正：——三[sān]

其构形为手语中伸出的三根手指。

四[sì] 甲骨文  金文  小篆 

《说文》 四：陰數也。象四分之形。息利切。

《字典》 甲骨文和金文是指事字，用四条横线来表示“四”的数目；金文还有一个由口、八、一组成的会意字，口像口形，八表示嘴中吐出的气的意思，一表示舌头；一说是呬（xì）的本字，意思是喘息、气息。

补正：  ——四[sì]

其构形为手语中伸出的四根手指。

五[wǔ] 甲骨文  金文  小篆 

《说文》 五：五行也。从二，陰陽在天地閒交午也。疑古切。臣鉉等曰：二，天地也。

《字典》 甲骨文是象形字，其中的上下各一横表示天和地，㐅表示阴阳二气交错在天地中间。本义表示水、火、木、金、土五行交错，假借为数字名称。㐅是古文五字。也有人认为，五是象形字，古代结绳记事，每至五即打一大结，甲骨文的五字像绳中大结的样子。

补正：  ——五[wǔ]

其构形为手语中伸出的五根手指。

禹[yǔ]

甲骨文  金文 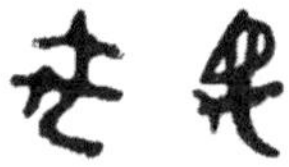 小篆 

《**说文**》禹：蟲也。从厹，象形。王矩切。

《**字典**》象形字，像虫的样子。本义为虫名。

补正：——禹[yǔ]

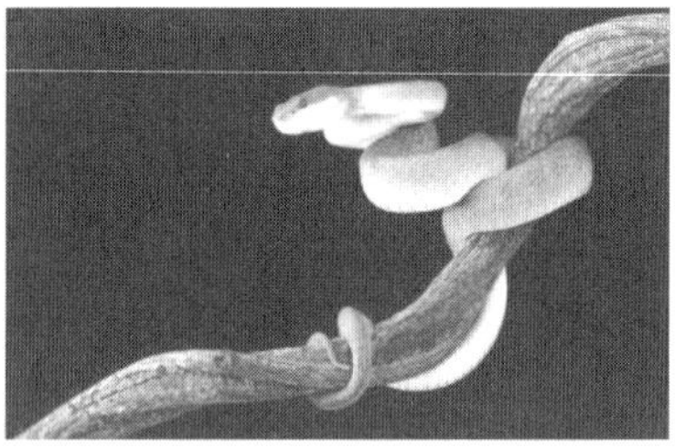

其构形由“”（蛇）和“”（树干）交叉构成甲骨文数字“”（五），表示用躯干绞杀猎物的大蟒蛇。

犯[fàn]

甲骨文 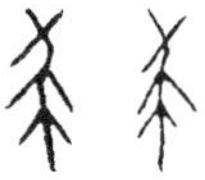 小篆 

《**说文**》犯：侵也。从犬巳聲。防險切。

《**字典**》形声字，犭为形，巳（sì）为声。本义为侵犯、触犯。

补正：——犯[fàn]

其构形由甲骨文“”（五）和“”（尾巴象形符号）合体构成，本义表示卷翘起来的尾巴。其构形与甲骨文“”（荣）和“”（咢）相似。因为狗夹起尾巴的姿态表示胆怯和顺从，只有处于兴奋状态狗才会翘起尾巴，因此用翘起尾巴比喻地位低的人因兴奋而张狂，进而做出不敬和违规的行为，犯的本义指违规。

荣[róng]

甲骨文 金文 小篆

《说文》榮：桐木也。从木，熒省聲。一曰屋梠之兩頭起者爲榮。永兵切。

《字典》繁体写作榮，是形声字，木为形，熒（省略火）为声。本义指梧桐。

补正：——荣[róng]（榮）

其构形为由两枝花交叉构成甲骨文数字“”（五），表示一丛丛盛开的鲜花，引申指繁荣、光荣、荣耀。

营[yíng]

金文 小篆

《说文》營：市居也。从宫，熒省聲。余傾切。

《字典》形声字，繁体写作營，吕为形，熒省略火为声。本义为围绕而居，转指四面环绕的军营。

补正：——营[yíng]（營）

——荣，表音兼表意。

——口，表示地块、完整。

二形合在一起，本义表示花园，因花园需要经常管理，引申指：(1)经营、营建；(2)营地、军营。

乇[zhé]

甲骨文  小篆 

《**说文**》乇：艸葉也。从垂穗，上貫一，下有根。象形。陟格切。
《**字典**》缺

补正：——乇[zhé][tuō]

其构形由甲骨文“五”和“干”合体构成，表示用立起来的圆木制成的屏障或围栏。

寨[zhài]

甲骨文 

《**说文**》缺
《**字典**》形声字，木为形，塞省略土为声。

补正：——寨[zhài]

——乇，表音兼表意。
——口，这里指地方。
二形合在一起，表示有木杆围栏防护的住地。

史前岩画 村寨

咢[è]　金文 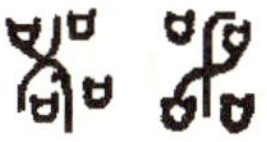　小篆 

《**说文**》咢：譁訟也。从吅屰聲。五各切。

《**字典**》缺

补正：——咢[è]

——四个口，表示多个事物，这里指掌声或歌声。

——由甲骨文“”（人）和“”（五）合体构成，表示许多人手拉手围成一个圆圈或排成一排。

二形合在一起，表示人们围在篝火边唱歌、跳舞、鼓掌的欢乐场面会意描写，其构形表意见图：

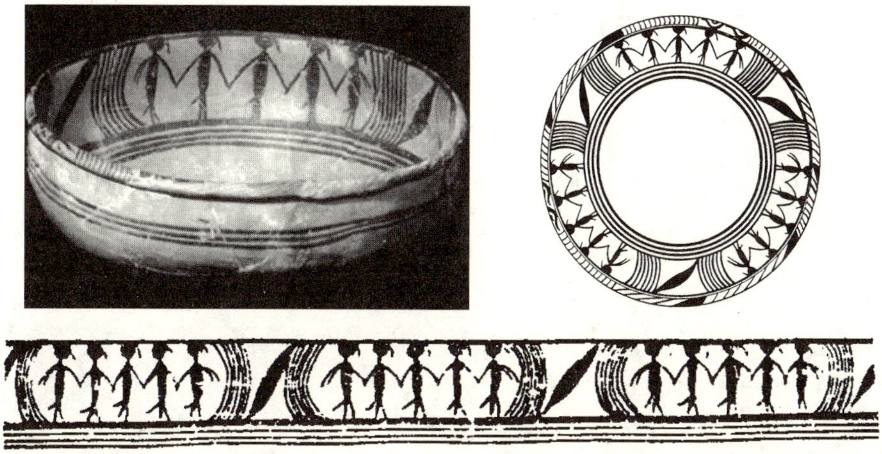

仰韶文化马家窑遗址彩陶盆

彩陶盆底部的四道同心圆代表甲骨文中的四个口，整个陶盆的画面表示的就是“”（咢）的文字本义，咢的发音与陕西关中方言“我[è]”相同，喻意“我们的人”。甲骨文和金文中出现的“鄂侯”应当是和中央王朝有联姻或结盟关系的部族首领。

六[liù] 甲骨文  金文  小篆 

《说文》 六：《易》之數，陰變於六，正於八。从入从八。力竹切。

《字典》 象形字，在甲骨文中，像一间田野中供临时寄居的结构简易的房屋。是庐的本字，本义指草庐，后假借为数字六。

补正： ——六[liù]

其构形为手语中伸出的大姆指和小姆指。

免[miǎn] 金文 

《说文》 缺

《字典》 有人认为，免是“冕”的本字，甲骨文的免字是象形字，像人戴顶有羊角装饰物的大帽子，所以免的本义指冠（guān）。后来另造冕字代替，表示冠之义。

补正： ——免[miǎn]

——六，表示由大变小之意。

——侧立行走之人象形描写。

二形合在一起，表示一个人的职务（头衔）由高变低，即免职之意。

冥[míng]　金文　小篆

《**说文**》冥：幽也。从日从六，冖聲。日數十。十六日而月始虧幽也。莫經切。

《**字典**》形声兼会意字，由表示数字十的日和六会意而表形，十六日，月开始亏损幽暗，冖（mì）为声；冖兼表义，表示覆盖。本义为幽暗不明。

补正：——冥[míng]

——表示向下符号。

——日，太阳象形符号。

——六，表示由大变小之意。

三形合在一起，表示太阳落入地平线后光线越来越暗的状态，冥的本义指变得黑暗。

睦[mù]　甲骨文　金文　小篆

《**说文**》睦：目順也。从目坴聲。一曰敬和也。莫卜切。

《**字典**》形声字，目为形，坴（lù）为声。

补正：——睦[mù]

——六，表示由大变小之意。

——眼睛象形符号。

二形合在一起，表示眼睛眯起来或眨眼之意；

因为狮子在进攻前眼睛会死死盯住猎物不眨动，当眨眼时表示没有威胁性，引申指人由敌视转为和平相处，友善之意。

全[quán]

金文  小篆 

《**说文**》全：完也。从入从工。疾缘切。

《**字典**》会意字，由入（现写作“人”）和玉（现写作“王”）组合而成。本义指质地纯的玉。

补正： ——全[quán]（见成嗣子鼎铭文）

——六，手语，这里表示由大到小。

——穿成一串的东西象形描写。

二形合在一起，表示从大到小一个不少的穿在一起，即“全部、完整”之意。

七[qī]

甲骨文  金文  小篆 

《**说文**》七：陽之正也。从一，微陰从中衺出也。親吉切。

《**字典**》指事字，甲骨文一竖加在横画上，篆文横下的一竖变弯，区别于十。

补正： ——七[qī]

其构形为伸出的大姆指、食指和中指。

八[bā]　　甲骨文　　金文　　小篆

《**说文**》八：别也。象分别相背之形。博拔切。

《**字典**》指事字，由两个独立相对的笔画构成，表示分离或划分。

补正：——八[bā]

其构形为手语中伸出的大姆指和食指；甲骨文“八”和八卦符号“☷”（坤）相对应，表示“归零，没有”之意。

必[bì]　　甲骨文　　金文　　小篆

《**说文**》必：分極也。从八、弋，弋亦聲。卑吉切。

《**字典**》会意字，古文字是八和弋两部分组成，弋是做标志的木橛，八是划分开，合起来的意思是立一个木橛为标志以划分界域。本义是分界的标志。

补正：——必[bì]

——手持标枪会意描写。

——八，表示分开、没有之意。

二形合在一起，表示将手中的标枪投出。因为标枪投出以后手中再没有武器，因此投标枪时必须有绝对的把握，必的本义表示必须、一定要。

术[shù]

甲骨文　　小篆

《**说文**》术：稷之黏者。从禾；术，象形。食聿切。

《**字典**》甲骨文是象形字，像一种上面有穗的植物；繁体写作術，是形声字，行为形，术为声。本义指道路。

补正：——术[shù]（術）

——手的象形符号。

——八，分开符号，表示没有。

二形合在一起，本义表示魔术表演时手中的东西不见了的状态会意描写，引申指：(1)方法、手段；(2)技艺、技术；(3)心术。

兑[duì]

甲骨文　　金文　　小篆

《**说文**》兑：説也。从儿㕣聲。大外切。臣鉉等曰：㕣，古文兖字，非聲。當从口从八，象气之分散。《易》曰："兑，爲巫爲口。"

《**字典**》会意字，由人、口、八三个字组合而成，指人笑的时候把口张开。本义为喜悦。

补正：——兑[duì]

——兄，已经会说话的儿童。

——八，表示分开、没有。

二形合在一起，表示处于换牙期的少年。因为掉一颗牙通常还会长出一颗新牙，故"兑"的本义指对等的替代、替换之意，如外币与本币的兑换。

九[jiǔ]

甲骨文  金文  小篆 

《**说文**》九：陽之變也。象其屈曲究盡之形。舉有切。

《**字典**》甲骨文和金文像胳膊肘之形。本义指肘。

补正：——九[jiǔ]

其构形为手语中伸出的弯曲的食指。

宄[guǐ]

甲骨文  金文  小篆 

《**说文**》宄：姦也。外爲盜，内爲宄。从宀九聲。讀若軌。居洧切。

《**字典**》形声字，宀为形，九为声。本义是奸诈、奸邪，特指从内部盗窃或作乱的坏人。

补正：——宄[guǐ]

——房子象形符号。

——九，手语，这里表示勾结。

——手持棍子象形描写。

三形合在一起，表示内部的人勾结外部的人搞破坏，即内鬼之意，引申指暗中做坏事的人或不轨行为。

十[shí]

甲骨文  金文  小篆 

《说文》 十：數之具也。一爲東西，丨爲南北，則四方中央備矣。是執切。

《字典》 甲骨文写作“丨”，金文中“丨”的中间加宽，后来中间逐渐演变成一个圆点，又衍化为一横，遂写作十。本义为数字“十”。

补正： ——十[shí]

其构形为手语握紧的拳头和手臂。该符号也表示延展、拉伸之意。

世[shì]

甲骨文 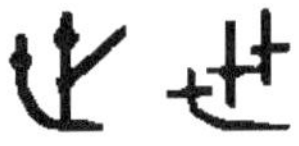 金文  小篆 

《说文》 世：三十年爲一世。从卅而曳長之。亦取其聲也。舒制切。

《字典》 小篆是形声兼会意字，由小篆卅（sà）字和表延续、延长义的乁（yí）字两部分组成，卅表示三十，合起来表示从前一个三十（年）延续到后一个三十（年）；乁兼表声，本义指三十年的时间，引申为一辈子。

补正： ——世[shì]

其构形为“止”和“十”构成的合体字，因为人有十个脚趾头，故一世指一百年。引申指人的一生。

古[gǔ]

金文  小篆 

《**说文**》古：故也。从十、口。識前言者也。公户切。臣鉉等曰：十口所傳是前言也。

《**字典**》会意字，由十和口两个字连接而成，表示一代代通过许多人的口流传下来的事。基本义是过去的时间。

补正：——古[gǔ]

——延伸符号（面团拉伸象形描写）。

——口，表示说话。

二形合在一起，表示说着很久很久以前的事，古的本义指很久以前。

居[jū]

金文  小篆 

《**说文**》居：蹲也。从尸古者，居从古。九魚切。臣鉉等曰：居从古者，言法古也。

《**字典**》形声字，尸为形，古为声。本义为蹲、蹲踞。

补正：——居[jū]

——蹲坐的人象形描写。

——古，表示时间很久。

二形合在一起，本义表示定居、居住地。

害[hài]

甲骨文  金文  小篆 

《**说文**》害：傷也。从宀从口。宀、口，言从家起也。丯聲。胡蓋切。

《**字典**》形声字，宀和口为形，丰（gài）为声。本义作名词用，意为伤害。

补正：——害[hài]

——漏勺象形符号。

——古，表示时间久。

二形合在一起，本义表示锅里的东西煮的时间过久，如饺子、面条等失去应有的良好状态，引申指不好、危害、灾害。在陕西方言中“害”读为[hā]，如瞎[xiā]读为[hā]音。

直[zhí]

甲骨文  金文  小篆 

《**说文**》直：正見也。从乚从十从目。除力切。徐鍇曰：“乚，隱也。今十目所見是直也。”

《**字典**》甲骨文下部有一只横着的眼睛，上部是一道直线；一说，表示眼睛正对标杆；也有人认为表示目光是直的，合起来表示双目直视。

补正：——直[zhí]

其构形表示目光直视的状态会意描写。

民[mín]

甲骨文  金文  小篆 

《**说文**》民：衆萌也。从古文之象。彌鄰切。

《**字典**》象形字，甲骨文、金文像用锥刺眼的形状。本义指奴隶。

补正：——民[mín]

其构形为眼睛视线向下看的人会意描写，肢体语言为“顺从、专注”之意，引申指平民。

坚[jiān]

金文  小篆 

《**说文**》堅：剛也。从臤从土。古賢切。

《**字典**》繁体字写作堅，是会意字，由表示手握得很牢、坚固的臤（qiān）和土会意，臤也表声。本义指坚硬的土。

补正：——坚[jiān]（堅）

——民，这里表示目光专注。

——右手象形符号，表示工作、完成。

二形合在一起，本义表示一个人目光专注、不受干扰专心做事，引申指意志坚定，再引申指坚硬。

氏[shì]

甲骨文 金文 小篆

《**说文**》氏：巴蜀山名岸脅之旁箸欲落墒者曰氏，氏崩，聞數百里。象形，乁聲。楊雄賦：響若氏隤。承旨切。

《**字典**》氏的构形、含义不详。一说，氏与氐本是同一个字，氏指树根，是柢的本字。故而氏表示一个人的归属，为姓的分支，可用来区分不同分支的同姓子孙，但氏可变而姓不可变。

补正：——氏[shì]

其构形为（俯身的人）男根勃起的状态会意描写，后该字代表父系血缘制度。在陕西的骂人话里仍用此音。

氐[dǐ]

金文 小篆

《**说文**》氐：至也。从氏下箸一。一，地也。丁礼切。

《**字典**》小篆是会意字，由“氏”与“一”两部分组成，“一”在楷书中变作“丶”，才形成氐字现在的构形；古文字的字形像植物的根，“一”表示土地。

补正：——氐[dǐ]

其构形由“ ”（氏）加“一”（指示符号）合体构成，表示性交完成、成功，引申指根本、根基。

昏[hūn]

甲骨文  金文  小篆 

《**说文**》昏：日冥也。从日氐省。氐者，下也。一曰民聲。呼昆切。

《**字典**》会意字，由表示向下、降下的氐省略下面一点和日两个字组合而成，合起来表示太阳落下。

补正：——昏[hūn]（昬）

——氏，性交符号。

——日，这里指目标符号。

二形合在一起，本义表示与相好女伴的性行为，反映出早期母系社会的生活特征。因为这种情况通常在白天劳作结束以后的黄昏时分，故“昏”后指太阳已经落山天还没有全黑的时间，引申指失去知觉、昏倒或头脑不清醒。

卓[zhuó]

金文  小篆 

《**说文**》卓：高也。早匕爲阜，匕卪爲卬，皆同義。竹角切。

《**字典**》字形结构不详。一说，篆文卓是会意字，由表示比之义的匕和表示太阳升高的早两部分上下组合而成，合起来表示比较高的意思。后此义写作卓。

补正：——卓[zhuó]

——返回之人象形描写。

——表示太阳慢慢落下。

二形合在一起，表示离太阳落山还有很长时间人已经返回了，寓意这个人走得快或干活快，引申指突出、优异、高明。

士[shì]

甲骨文  金文 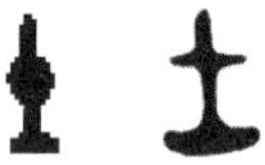 小篆 

《**说文**》士：事也。數始於一，終於十。从一从十。孔子曰：“推十合一爲士。”鉏里切。

《**字典**》甲骨文像雄性生殖器；金文像斧头一类的器具的形状；一说，十表博杂义，一表示简约，合起来表示能分析复杂现象、由博返约的人。本义为对男子的美称。

补正：——士[shì]

其构形为“氏”的反方向符号，含有“向上延伸”之意。后借指古代平民中受过教育、有才干的男人，即社会精英，孔子认为这些人是社会进步的推动力量。

吉[jí]

甲骨文  金文 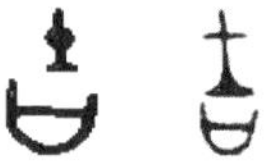 小篆 

《**说文**》吉：善也。从士、口。居質切。

《**字典**》会意字，对于这个字的构形，有以下几种不同的理解：一说像神座上陈列的祭品，有祭神求吉或吉庆之义；一说有表示太平之义，因吉像是把兵器收入鞘子里；一说吉字由士和口组成，有恶言不出士口的意思，即善言。

补正：——吉[jí]

——士，“氏”的反方向符号。

——口，这里表示完整。

二形合在一起，本义表示雄性生殖器功能正常，引申指美好、如意。

隼[sǔn] 金文  小篆 

《说文》隼：祝鸠也。从鳥隹聲。思允切。

《字典》小篆是会意字，由隹和一两部分组成，表示高飞的鸟。本义指一种凶猛的鸟。

补正：——隼[sǔn]

——鸟的象形描写。

——延展符号。

二形合在一起，表示飞行速度快并可以垂直俯冲的一种体形较小的鹰。

补正二　天干释源

天干由十个汉字构成：甲、乙、丙、丁、戊、己、庚、辛、壬、癸，天干的来历一直是个谜，困扰着历代的文字学者。甲骨文发现以后，郭沫若先生在《释干支》一文中，从文字发生学的角度对天干甲骨文形体进行考证，得出如下结论：甲乙丙丁四个字为一系统，指的都是鱼身之物。甲，象鱼鳞甲；乙，象鱼肠；丙，象鱼尾；丁，象鱼眼睛。这四个字都从鱼而来，而鱼只有渔猎社会时期才是人类主要的生活资源，所以这四个字是最古老的一组文字。戊己庚辛壬癸，这六个字在甲骨文里都是一些器物的象形字，并且多是武器象形。戊，象斧钺之形，盖即“戚”之古文；己，雉之缴也；庚，有耳之可摇之乐器象形，即钲；辛，削刀之象形，用来刮除刻画的图案或文字；壬，为“镵”之初文，即石针，古人用以刺痛；癸，象三锋矛，古兵器。因为商朝已经出现了青铜器，所以这六个字是商朝人后补上的。在数字上，我们古代“一、二、三、亖”为一系，对应甲乙丙丁，即“第一、第二、第三、第四”，五到十这六个数是一系，对应相同性质的器物是戊己庚辛壬癸。

郭沫若虽然从象形符号生活原型的角度对天干文字及排序做了解说，但并未说明鱼和兵器的关系以及这些兵器排序的道理，更重要的是他并没有将天干文字考证的结果放到由天干符号构成的字族文字中加以验证。因为由天干符号与其他象形符号组合构成的甲骨文字是一个庞大的字族，这些字族文字的形义关系难以解释，如由“辛”构成的“”（毅）、“”（宰）、“”（妾）等等，只有这些字族文字的形义关系都能得到合理解说，天干文字生活原型才算立住。郭沫若对天干文字的研究恰恰缺乏字族验证环节，是其研究考证不足之处。下面我们将从象形符号含义的角度对天干文字字源进行分析。

由于天干和地支相配，故天干实际可以划分为甲乙、丙丁、戊己、庚辛、壬癸五组，它们分别代表青铜器铸造的五道工序：

1. 甲乙——制模。用泥条盘筑法制作青铜器模型的工序。这种方法是用搓制的泥条均匀覆盖在用枝条编织的器物造型上，经过修理、干燥后烧制成陶样，一般用于较复杂的器型。甲的生活原型为用枝条编织的器物，乙的生活原型为搓制的泥条。

2. 丙丁——冶铜。青铜冶炼、熔化的工序。丙的生活原型为炉子，丁的生活原型为铜锭。

3. 戊己——翻模。将陶样再翻转成陶范的工序。戊的生活原型为夯具棒槌，己的生活原型为阴阳翻模。

4. 庚辛——合范。庚的生活原型为泥芯，辛的生活原型为浇注孔。

5. 壬癸——浇注成型。壬的生活原型指熔化的铜液在陶范夹壁中充填，癸的生活原型指铜液冷凝成型。

见青铜器制作流程：

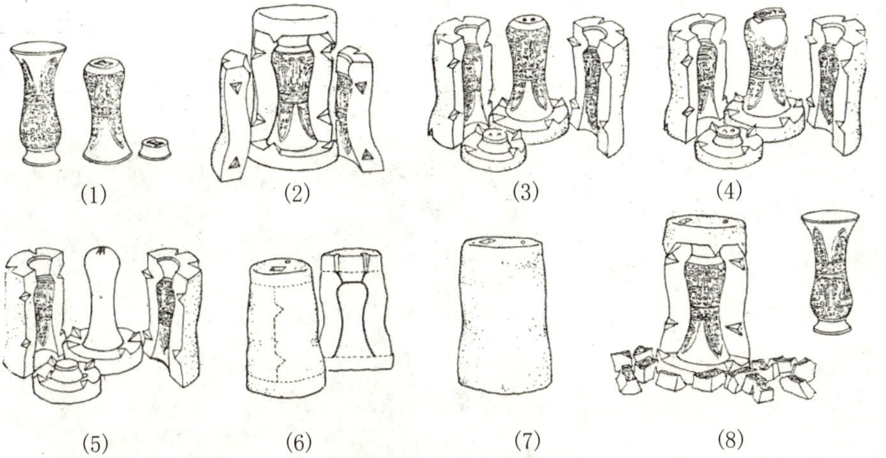

陶质块范铸造青铜觯过程示意

（该图取自于《中国青铜器》马承源主编，上海古籍出版社）

下面从象形符号生活原型的角度对天干文字分别加以解说和字族验证。

1. 甲，天干第一位

甲[jiǎ] 甲骨文  金文  小篆 

《**说文**》甲：東方之孟，陽气萌動，从木戴孚甲之象。一曰人頭宜爲甲，甲象人頭。古狎切。

《**字典**》甲字的形义至今不明。一说甲骨文是象形字，写作十，像皮革的裂纹，故甲的本义是皮革开裂。也有人认为，甲先写作十，后外加方框，构形与田字相似，像宗庙中安放神主的器具，甲本用为殷代先公上甲的专名。一说无论似十亦或似田，甲的本义都是指盔甲，后为与田字区别，将十的一竖向下延伸，写作甲。也有人认为，甲写作十时，指铠甲；写作田时，是匣的古字，不是甲，后来的甲是从田字演变而来的。

补正：——甲[jiǎ]

其构形为由竹条、柳条等编织而成的柳条筐、竹筐、盾牌等器物的象形描写（见图：户县农民画・竹器市场）。如果我们有农村生活经验就可以知道，用枝条编筐或提篮时首先要搭十字架，起定型和提高强度的作用，然后再从十字架中心处分经纬线交叉编织直至完成。甲骨文中的第一个“十”（甲），正是对编筐时起固定和支撑作用的十字架的象形描写。甲的文字含义：(1)指昆虫、植物种子等起保护作用的硬壳；(2)有盔甲的士兵，甲兵。

卑[bēi]　甲骨文　金文　小篆

《**说文**》卑：賤也。執事也。从𠂇、甲。補移切。徐鍇曰：“右重而左卑，故在甲下。”

《**字典**》会意字，金文像手持酒器形，会执事供人役使之意。

补正：——卑[bēi]

——甲，这里表示盾牌。

——左手象形符号。

二形合在一起，表示一个人左手持盾牌进行防御的状态会意描写，读音与“贝”相同；因为盾牌不能过大，故持盾牌的人为了更好地保护自己，常采用弯腰低下的姿态，由这种身体姿态引申指“卑贱、卑鄙”等。

战国铜镜

鬼[guǐ]

甲骨文　金文　小篆

《**说文**》鬼：人所歸爲鬼。从人，象鬼頭。鬼陰气賊害，从厶。居偉切。

《**字典**》象形字，甲骨文上部是一个很大的头，下部像跪着的身体。本义指人死后的灵魂。

补正：——鬼[guǐ]

——甲，这里指面具。

——行走的人象形描写。

二形合在一起，表示戴着狰狞面具的人或骷髅象形描写，古人认为人死后其灵魂为鬼，引申指隐密的、不可捉摸的、阴险的。

畏[wèi]

甲骨文　金文　小篆

《**说文**》畏：惡也。从甶，虎省。鬼頭而虎爪，可畏也。於胃切。

《**字典**》甲骨文和金文都是象形字，像一个手持凶器、威风凛凛的鬼怪；篆文是会意字，由甶（鬼头）和虎爪会意，是由古文“畏”字变化而来的。本义为因怕而生出厌恶。

补正：——畏[wèi]

其构形为一个面目严厉或戴着狰狞面具的人手拿棍子恐吓的状态会意描写，由恐吓引申指害怕、惧怕。

才[cái]

甲骨文 金文 小篆

《**说文**》才：艸木之初也。从丨上貫一，將生枝葉。一，地也。昨哉切。徐鍇曰：“上一，初生歧枝也。下一，地也。”

《**字典**》象形字，字形中的一横代表土地，一横下面代表草木的根，一横上面是草木刚生出的枝叶。本义指草木初生。繁体写作纔，是形声字，糸（mì）为形，毚（chán）为声，本义为黑里带微红的颜色，作副词表示时间短或程度小。

补正：——才[cái]（纔）

其构形为绑好十字架从中心开始编织时的状态会意描写。(1)由编织工作刚刚开始，引申指“现在、仅仅”；(2)由绑好的十字架在编织成型的器物中起到支撑、增加强度等功能，引申指“才能、才干”。

闭[bì]

金文 小篆

《**说文**》閉：闔門也。从門；才，所以歫門也。博計切。

《**字典**》会意字，由门和才组成，才指短木。本义为设在门内两侧、受关（门闩）的有孔短木。

补正：——闭[bì]（閉）

——门的象形符号。

——才，这里指插好的门栓。

二形合在一起，表示把门关闭后加上门栓的状态象形描写，引申指阻塞、闭塞、遮蔽。

2. 乙，天干第二位

乙[yǐ] 甲骨文  金文  小篆 

《**说文**》乙：象春艸木冤曲而出，陰气尚彊，其出乙乙也。與丨同意。乙承甲，象人頸。於筆切。

《**字典**》缺

补正：——乙[yǐ]

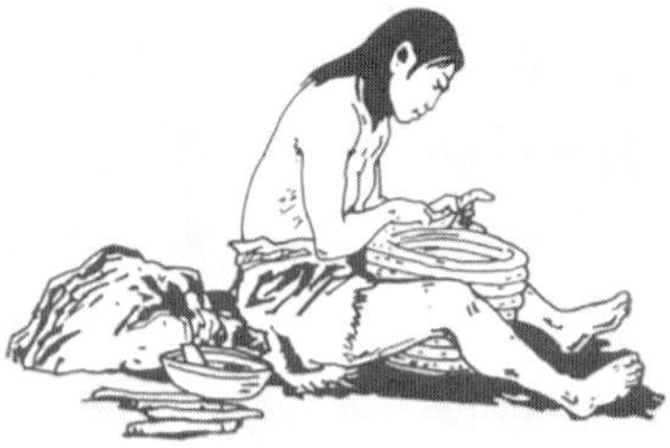

其构形为绳索的象形描写，这里指搓成的泥条，早期制陶多用泥条盘筑法。乙的文字含义有：(1)鱼肠；(2)燕子。

孔[kǒng] 甲骨文  金文  小篆 

《**说文**》孔：通也。从乞从子。乞，請子之候鳥也。乞至而得子，嘉美之也。古人名嘉字子孔。康董切。

《**字典**》金文是指事字，下部是一婴儿符号，上部的符号表示婴儿天灵盖还未合缝之处；后上部的符号几经变化，成为孔字右部的竖弯钩。

补正：——孔[kǒng]

——子，幼儿的象形描写。

——乙，细长的泥条。

二形合在一起，表示身材高挑的儿童会意描写。据记载孔子的身高有 1.9 米以上，这在当时是非常罕见的，故孔子的姓应与其身材有关。

弟[dì]

甲骨文　金文　小篆

《**说文**》弟：韋束之次弟也。从古字之象。特計切。

《**字典**》象形字，像按顺序缠绕的样子。古代指次第、次序，后来这种意义用“第”来表示。

补正：——弟[dì]

——乙，绳子的象形描写。

——弋，标枪的象形描写。

二形合在一起，本义表示投出后可以回收的带有绳子的标枪，古时遵循长子继承父亲家业和爵位的传统，其他兄弟结婚后离家另立门户，故用带绳子的标枪借指“弟”。

夷[yí]

甲骨文　金文　小篆

《**说文**》夷：平也。从大从弓。東方之人也。以脂切。

《**字典**》会意字，由大和弓组合而成，表示持弓射箭；甲骨文的夷与“人”字的形体相近，但下肢较弯曲，像蹲踞。

补正：——夷[yí]

——大，正面站立的人象形描写。

——乙，缠绕的绳子象形描写。

二形合在一起，本义表示将青壮年临时召集到一起。(1)由人集中引申指堆积；(2)古时中原地区对周边社会形态落后人群（部落形态）的称呼。

匹[pǐ]

甲骨文  金文  小篆 

《**说文**》匹：四丈也。从八、匚。八揲一匹，八亦聲。普吉切。

《**字典**》象形字，状似折叠为许多层的布帛的样子；一说是会意字，由匚（fáng）和八两部分组成。

补正：——匹[pǐ]

——石，石头象形符号。

——乙，绳子符号。

二形合在一起，本义指石板上的断口或裂纹，引申指：(1)匹配、匹敌；(2)量词。

乱[luàn]

金文  小篆 

《**说文**》亂：治也。从乙，乙，治之也；从𤔔。郎段切。

《**字典**》繁体写作亂，是会意字，由表治理义的𤔔（luàn）和乚两部分组成，乚的意思是使曲折混乱的事物通顺畅达。本义为治理。

补正：——乱[luàn]（亂）

——绳子的象形描写。

——由“8”和“H”构成，表示缠绕在一起的线。

——双手的象形描写。

三形合在一起，本义表示把缠绕在一起的线理顺，故有“混乱和理顺”两种含义，后专指混乱。

3. 丙，天干第三位

丙[bǐng]

《**说文**》丙：位南方，萬物成，炳然。陰气初起，陽气將虧。从一入冂。一者，陽也。丙承乙，象人肩。兵永切。徐鍇曰："陽功成，入於冂。冂，門也，天地陰陽之門也。"

《**字典**》象形字，但所象之形迄今没有定论。丙的常用义是指天干中的第三位，又指序数第三。根据古代五行说，丙居于南方，南方属夏，亦属火，所以又用丙代称火，常用于"付丙"一词，表示投进火中。

补正：——丙[bǐng]

其构形为农村烧饭用的灶台象形描写；本义指炉子。古时常用于"付丙"一词，表示投进火炉中。

更[gēng]

《**说文**》更：改也。从攴丙聲。古孟切，古行切。

《**字典**》古文字是形声字；甲骨文以支为形，丙为声；在金文中，以上下叠在一起的两个丙字为声。本义为改变。

补正：——更[gēng]

——灶台象形符号。

——手持铲子象形描写。

二形合在一起，表示手持铲子不断将柴送进炉子里以保持火力旺盛的状态会意描写。更的本义指增加新的接替旧的，引申指更改、更替、更新。

4. 丁，天干第四位

丁[dīng]　甲骨文　金文　小篆

《说文》丁：夏時萬物皆丁實。象形。丁承丙，象人心。當經切。

《字典》象形字，状似鐕（zān）的样子。鐕是古代用来挂器物的钉子，所以丁是钉的本字。

补正：——丁[dīng]

其构形为一块铜锭的象形描写，涂实的圆点表示具有延展性，由铜锭的高价值引申指青壮年男子。

金[jīn]　金文　小篆

《说文》金：五色金也。黄爲之長。久薶不生衣，百鍊不輕，从革不違。西方之行。生於土，从土；左右注，象金在土中形；今聲。居音切。

《字典》金文和篆文都是形声字，土为形，上部的今为声符，“土”字周围的点表示埋在地下的金属块状物；一说金是会意字，下边是土，藏在地下的金属矿物就是“土”字周围的点，上边倒扣的三角表示覆盖。

补正：——金[jīn]

△——集体符号，这里表示提炼。

土——土，这里表示铜矿石。

:——铜锭象形符号。

三形合在一起，表示从矿石中提炼出铜锭之意，金在古时特指青铜，现指黄金。

匀[yún]

金文  小篆 

《**说文**》匀：少也。从勹、二。羊倫切。

《**字典**》会意字，由勹和二两部分组成。本义为平均，使平均。

补正：——匀[yún]

——铜锭的象形描写。

——鞭子的象形描写。

二形合在一起，本义表示将铜锭拉成丝；由一根铜丝的粗细相同引申指平均、均匀、相等之意。

段[duàn]

金文  小篆 

《**说文**》段：椎物也。从殳，耑省聲。徒玩切。

《**字典**》会意字，金文左边代表山崖上的石头，右边是敲打的意思，合起来指手持器械敲打石头。本义为敲打石块。

补正：——段[duàn]

——平面符号。

——两块铜锭的象形描写。

——手持工具象形描写。

三形合在一起，表示将铜锭打成薄片或切断的加工过程会意描写（见图：打铁），(1)量词，节；(2)姓氏。

正[zhèng]

甲骨文　金文　小篆

《说文》正：是也。从止，一以止。之盛切。徐鍇曰：“守一以止也。”

《字典》本义指远行，后本义以征代替，正被假借用来表示直对或垂直，不偏不斜。

补正：——正[zhèng]

——丁，铜锭符号。

——止，脚的符号。

二形合在一起，表示军队操练时士兵立正的状态会意描写，引申为正直、正确等。

定[dìng]

甲骨文　金文　小篆

《说文》定：安也。从宀从正。徒徑切。

《字典》会意字，由宀和正两个部分组合而成，表示人回到家中；一说是形声字，宀为形，正为声。本义为安定、平安。

补正：——定[dìng]

——房子的象形符号。

——铜锭符号，这里表读音和坚固。

——脚的象形符号，这里表示停留。

三形合在一起，表示人们修建起坚固的房子，寓意长期停留、定居，引申指：(1)动词，确定、决定、平定；(2)形容词，安定的、稳定的。

楚[chǔ]

甲骨文  金文  小篆 

《**说文**》楚：叢木。一名荆也。从林疋聲。創舉切。

《**字典**》形声字，林为形，疋（shū）为声；一说甲骨文是会意字，上部的林表示树木丛生，林下是人足，林中间的两点表示血滴，意谓丛生和有刺。本义指一种矮小丛生的多刺的木本植物，又叫荆。

补正： ——楚[chǔ]

——林，树林的象形描写。

——丁，铜锭象形符号。

——止，脚的象形描写。

三形合在一起，表示人在丛林中定居，因山林在古时指荒野，故楚的本义指经济文化欠发达的地区；由荒蛮之地的人生活艰辛引申指困苦、可怜（见图：汉画像石·楚人）。

5. 戊，天干第五位

戊[wù] 甲骨文 金文 小篆

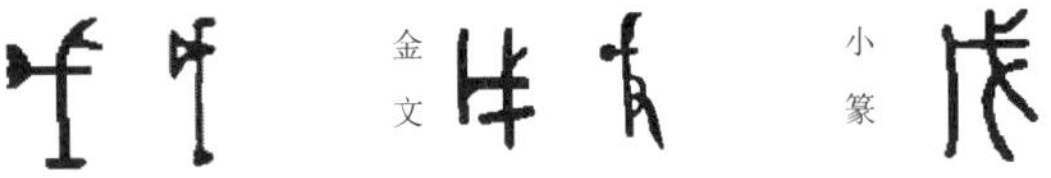

《**说文**》戊：中宫也。象六甲五龍相拘絞也。戊承丁，象人脅。莫侯切。

《**字典**》甲骨文是象形字，像斧钺的样子。

补正： ——戊[wù]

该象形符号的生活原型为农村妇女洗衣服用的棒槌象形描写，这里指用于夯土制模的工具。钺在甲骨文中写作“”，宽刃斧头象形，戊和钺是二种不同的工具。

成[chéng] 甲骨文 金文 小篆

《**说文**》成：就也。从戊丁聲。氏征切。徐鍇曰：“戊中宫成於中也。”

《**字典**》缺

补正： ——成[chéng]

——手持棒槌象形描写。

——铜锭象形符号，这里指夯实的土坯。

二形合在一起，表示用棒槌夯制土坯的状态会意描写，引申指：(1)动词，形成、完成、成为；(2)动词，成长、成熟、成功；(3)形容词，现成的、已定的。

咸[xián]

甲骨文 金文 小篆

《说文》咸：皆也。悉也。从口从戌。戌，悉也。胡監切。

《字典》会意字，由口和戌两个字组合而成，口指人头，戌指一种兵器。本义为杀戮。

补正：——咸[xián]

——棒槌象形符号。

——口，多种含义，这里指整体。

二形合在一起，表示制作的同一型制的器物，本义指相同、一致，引申指全面、普遍。

威[wēi]

金文 小篆

《说文》威：姑也。从女从戌。漢律曰：“婦告威姑。”於非切。徐鍇曰：“土盛於戌，土陰之主也，故从戌。”

《字典》会意字，戌是兵器，女即人，指人拿着兵器，显示出威风凛凛的样子。本义指威力、权势。

补正：——威[wēi]

——女人象形符号。

——戌，表音兼表意。

二形合在一起，表示女人手持棒子责打或吓唬犯错儿童时的状态会意描写，引申指：(1)动词，威胁、威慑；(2)名词，权威、威望。

6. 己，天干第六位

己[jǐ] 甲骨文  金文  小篆 

《说文》己：中宫也。象萬物辟藏詘形也。己承戊，象人腹。居擬切。

《字典》象形字，甲骨文像丝形。本义指为了缠束丝而区分出来的丝缕的端绪。

补正：——己[jǐ]

其构形为铸造中的“翻模”工序（见图），“己”的本义就是“自己、本身”。

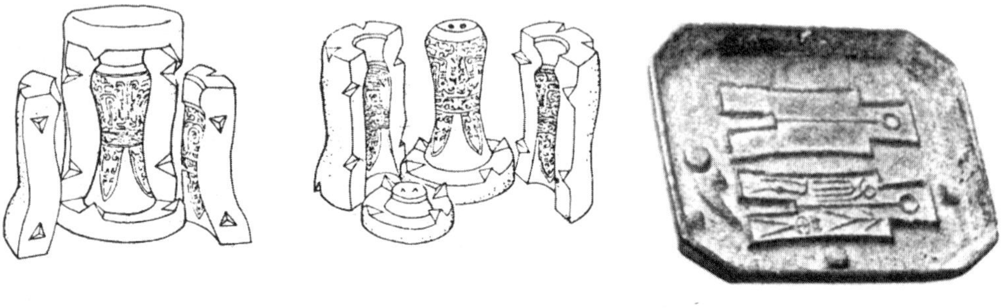

7. 庚，天干第七位

庚[gēng] 甲骨文  金文  小篆 

《说文》庚：位西方，象秋時萬物庚庚有實也。庚承己，象人臍。古行切。

《字典》一说甲骨文、金文是象形字，状似一种有耳且可以摇动的乐器，即钲；一说篆文是象形字，像双手摘取草木上的果实之形。后世使用的庚都是其假借义，指天干中的第七位。

补正：——庚[gēng]

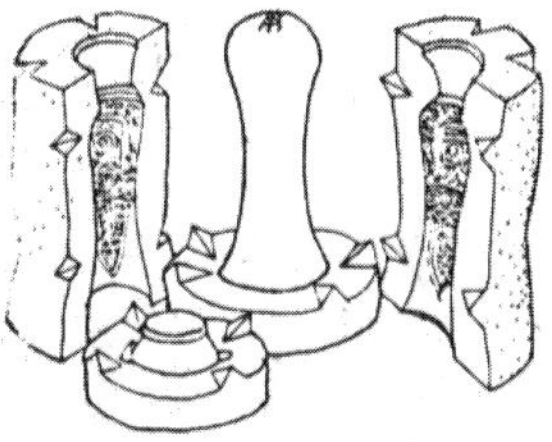

——干，这里表示起支撑和固定作用。

——男根简省表达，这里指泥芯。

二形合在一起，本义表示铸造器物时的泥芯，也称内模。泥芯决定器物容积的大小。由于泥芯和外范之间留有间隙（构成器物的壁厚）引申指(1)道路、纹路；(2)同年出生的人（月份有大小）。

康[kāng]

甲骨文　金文　小篆

《说文》康：穀皮也。从禾从米，庚聲。苦岡切。

《字典》金文是会意兼形声字，上部是庚，字形状似有耳可摇的乐器，庚下的几个点表示摇动乐器迸发出的声音；庚兼表声。

补正：——康[kāng]

——庚，表示泥芯、内范。

——碎碴、粉屑的象形描写。

二形合在一起，表示泥芯中添加沙石而变得疏松，因为浇注成型后泥芯通常敲碎取出，故泥芯不能太结实，但又要有一定的强度。引申指：(1)健康、丰富、充足、平安；(2)空、广大。

8. 辛，天干第八位

辛[xīn] 甲骨文 金文 小篆 

《**说文**》辛：秋時萬物成而孰；金剛，味辛，辛痛即泣出。从一从辛。辛，辠也。辛承庚，象人股。息鄰切。

《**字典**》古文字是象形字，有人认为，像一种弯刀刑具。

补正：——辛[xīn]

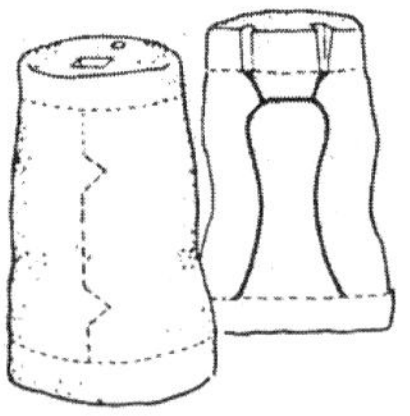

其构形为陶范上留出的圆锥形浇注孔象形描写，引申指(1)尖锐、锋利；(2)统领、总管。

章[zhāng] 金文 小篆 

《**说文**》章：樂竟爲一章。从音从十。十，數之終也。諸良切。

《**字典**》象形字，篆文变形为会意字，由音和十两部分组成。本义指花纹、文采。

补正：——章[zhāng]

——辛，这里指尖锥。

——目标符号，表示花纹、图样。

二形合在一起，表示铸造或用尖锥刻划出来的花纹、图案，引申指文章、徽章。

对[duì]　　甲骨文　　金文　　小篆

《**说文**》對：應無方也。从丵从口从寸。都隊切。對或从士。漢文帝以爲責對而爲言多非誠對，故去其口以从士也。

《**字典**》会意字，甲骨文左部上是丵（zhuó），下部是土，右部是又（指手）；丵是古丛字，像草木丛生，寸是寸口，指手，三字会意表示人工培植（寸）的草木生长（土）茂盛（丵）。

补正：——对[duì]（對）

——由辛和敲凿符号构成。

——又，右手的象形描写。

二形合在一起，表示用尖锥打孔的状态会意描写；由打孔引申指“相对、对等、正确”等。

毅[yì]　　金文　　小篆

《**说文**》毅：妄怒也。一曰有决也。从殳豙聲。魚既切。

《**字典**》缺

补正：——毅[yì]

——辛，这里指尖刀。

——豕，猪的象形符号。

——手持榔头的象形描写。

三形合在一起，本义表示人用尖刀杀猪的状态会意描写（见汉画像石·杀牲图），“毅”包含有勇敢、果断、正确实施和坚持完成之意。

妾[qiè]

甲骨文  金文 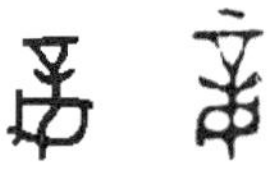 小篆 

《**说文**》妾：有辠女子，給事之得接於君者。从辛从女。《春秋》云：“女爲人妾。”妾，不娉也。七接切。

《**字典**》会意字，古文由辛字省去一横写作辛（qiān）和女上下组合而成。本义指有罪的女人，即女奴。

补正：——妾[qiè]

其构形为将头发在后面简单束起来的身份较低的女人会意描写（见图：汉代仕女俑），妾后指正妻之外另娶的小老婆。

童[tóng]

甲骨文  金文  小篆 

《**说文**》童：男有辠曰奴，奴曰童，女曰妾。从辛，重省聲。徒紅切。

《**字典**》形声字，辛（qiān）为形，重省略写作里为声。本义为男子因犯罪沦为奴仆。

补正：——童[tóng]

——扎着一撮头发的儿童象形描写。

——东，二头捆扎的包裹象形符号。

二形合在一起，表示还不能走长路的少儿。

竞[jìng]

《**说文**》競：彊語也。一曰逐也。从誩，从二人。渠慶切。

《**字典**》篆文是会意字，字的上部为表示争论义的二言，读作 jìng，下部为表示追逐义的二人。本义为激烈地争辩。

补正：——竞[jìng]（競）

——由“”和“”合体组成。

——表示两个人赛跑看谁跑得最快，上面的一横表示公平之意，竟的本义指赛跑。在中国文化中竞争的概念是赛跑型、友好型的；而在西方文化中竞争的概念是拳击型、敌对型的。

竟[jìng]

《**说文**》竟：樂曲盡爲竟。从音从人。居慶切。

《**字典**》会意字，由音和儿（人）两个字构成，表示乐师所奏之乐终止了。本义指乐曲终止。

补正：——竟[jìng]

——由“”和“”合体构成，指跑的快。

——口，这里指目标符号。

二形合在一起，本义表示竞跑比赛中率先到达终点，引申指：(1)终止、完毕；(2)副词，竟然、居然（由于比赛的结果往往出人意料）。

宰[zǎi] 甲骨文  金文 小篆

《说文》宰：辠人在屋下執事者。从宀从辛。辛，辠也。作亥切。

《字典》会意字，由表示房屋的宀和表示有罪的人的辛两部分组成，合起来表示有罪的人在屋内劳动。本义指在室内劳动的奴隶。

补正：——宰[zǎi]

——房子象形符号。

——辛，圆锥形浇注孔，表示管道。

二形合在一起，表示家中的大总管。宰相，古代国家官员体系中地位最高的大臣。

辟[bì] 甲骨文  金文 小篆

《说文》辟：法也。从卩从辛，節制其辠也；从口，用法者也。必益切。

《字典》缺

补正：——辟[bì]

——蹲坐之人象形描写，寓意停留。

——口，多种含义，这里指地方、地域。

——辛，漏斗形浇注口。

三形合在一起，本义指开拓者、垦荒者。(1)名词，古时用于君王的称呼，寓意创建国家的人；《尚书·泰誓》："惟天惠民，惟辟奉天。"《后汉书·张衡传》："仲尼不遇，故论六经，以俟来辟。"(2)动词，开垦、开创、开启。

9. 壬，天干第九位

壬[rén]　　甲骨文　　金文　　小篆

《说文》壬：位北方也。陰極陽生，故《易》曰：“龍戰于野。”戰者，接也。象人褢妊之形。承亥壬以子，生之敘也。與巫同意。壬承辛，象人脛。脛，任體也。如林切。

《字典》缺

补正： ——壬[rén]

其构形由“”（固定符号）和“”（延伸符号）合体构成，本义表示铸造时金属熔液在陶范外模和内模之间的夹壁中流动充填的状态会意描写，引申指：(1)等距平行；(2)钻营。

呈[chéng]　　金文　　小篆

《说文》呈：平也。从口壬聲。直貞切。

《字典》小篆是形声字，口为形，壬（tǐng）为声。本义为平。

补正： ——呈[chéng]

——口，多种含义，这里指目标。

——壬，这里指突起。

二形合在一起，指“口”代表的事物渐渐显露、凸显出来，引申指上报、呈报。

10. 癸，天干第十位

癸[guǐ] 甲骨文  金文  小篆 

《**说文**》癸：冬時，水土平，可揆度也。象水從四方流入地中之形。癸承壬，象人足。居誄切。

《**字典**》象形字，甲骨文、金文及篆文都状似两枝箭交错在一起；籀文为会意字，由像人的双足的癶（bō）和矢两部分组成。

补正：——癸[guǐ]

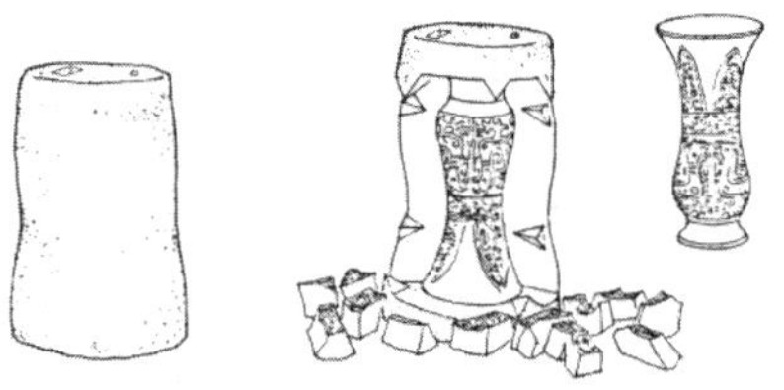

其构形由二个“I”（固定符号）交叉构成甲骨文字“X”（五），表示铸造时金属熔液在陶范中完全充填冷却凝固成形会意描写（见图：古时铸造由多块陶范拼合而成）；本义指凝固成形。

睽[kuí] 甲骨文  金文 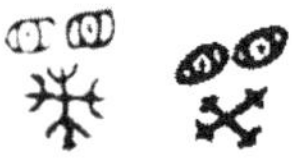 小篆 

《**说文**》睽：目不相聽也。从目癸聲。苦圭切。

《**字典**》形声字，目为形，癸为声。本义为两只眼睛不同时看一物；一说本义指彼此不相注视。

补正：——睽[kuí]

——两只眼睛的象形描写。

——癸，表示固定。

二形合在一起，表示俗话所说的斗鸡眼、对眼的意思，引申指不合、违背、分离。睽，《周易》六十四卦之一，《象》曰：“上火下泽，睽，君子以同而异。”

商[shāng] 甲骨文  金文  小篆 

《**说文**》商：从外知内也。从㕯，章省聲。式陽切。

《**字典**》篆文是形声字，㕯（nè）为形，章省略下部的早为声。本义为从外部估测里面的情况。

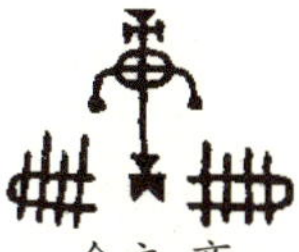
金文 商

补正：——商[shāng]

——辛，代表青铜浇注。

——丙，代表青铜冶炼。

——口，这里表示地方或产品。

三形合在一起，本义表示青铜冶炼和铸造，引申指商业，再引申指：(1)商量、商议；(2)商人。甲骨文中有“大邑商”的称谓，指的是生产青铜产品及交易的大城市。

“商”是天干含义的概括和代表。从《史记》以及甲骨卜辞中记载的殷商祖先的名字里含有的天干文字可以推测：天干在殷商王朝建立之前就已经出现了，距今应在3800年前，也就是说那时殷商人就已经掌握了青铜器的铸造方法。但天干与地支相配纪年的方法应当是商王朝建立以后推行的制度，用天干统领地支含有商王朝取代夏王朝符合天命之意。

补正三　地支释源

地支是由十二个汉字和相对应的十二个动物形象构成的排序系统：

地支文字：子　丑　寅　卯　辰　巳　午　未　申　酉　戌　亥

动物形象：鼠　牛　虎　兔　龙　蛇　马　羊　猴　鸡　狗　猪

十二年一个循环，永无止境。每个中国人出生那一年对应的动物形象为这个人的生肖属相，生肖属相是中国最古老、最具神秘感的文化现象之一。关于这十二个文字的排序来源，民间有多种传说，这种文化现象也引起了学者们的注意。郭沫若在《释干支》一文中提出了一个大胆的论断：他认为地支系统是商朝或更早的夏朝时期从巴比伦介绍到中国来的。郭沫若考证了《尔雅·释天》中十二岁名称："太岁在寅曰摄提格，在卯曰单阏，在辰曰执徐，在巳曰大荒落，在午曰敦牂，在未曰协洽，在申曰涒滩，在酉曰作噩，在戌曰阉茂，在亥曰大渊献，在子曰困敦，在丑曰赤奋若。"其中的"摄提格""单阏"等词汇都是古代苏美尔文音译，其含意指的是黄道十二宫里面相对应的星座名称：

子	丑	寅	卯	辰	巳	午	未	申	酉	戌	亥
宝瓶	摩羯	人马	天蝎	天秤	处女	狮子	巨蟹	双子	金牛	白羊	双鱼

郭沫若先生的论断为学界所公认。但是，即使郭沫若先生考证《尔雅》书中记录的十二岁名称来自于苏美尔语是正确的，也只能说明古代东西方文化有交流，但由此认定中国地支源自于西方黄道十二宫的论断则显得牵强。理由有三：其一，地支文字对应的生肖动物形象与西方黄道十二宫对应的动物名称和形象差异太大，如果外来语音都能准确记录，作为古代最高学术成就的星象知识更应该完整地记录保留下来，没有理由删除或另选；其二，黄道十二宫在中国另有名称和形象：

丑	子	亥	戌	酉	申	未	午	巳	辰	卯	寅
氐 亢	尾 心 房	斗 箕	牛	危 虚 女	奎	胃 娄	毕 昴	东 井	舆 鬼	轩 辕	角

可见地支系统与中国的黄道十二宫应该分属两个独立系统；其三，《说文》对地支文字的解说也没有采信《尔雅》的说法。种种迹象表明，中国十二地支的形成另有源头。因此，破解地支之谜还是要从地支文字的象形符号生活原型入手。

子[zǐ]

甲骨文  金文  小篆 

《说文》子：十一月，陽气動，萬物滋，人以爲偁。象形。李陽冰曰：“子在襁緥中，足併也。”即里切。

补正：——子[zǐ]

地支第一位。其构形为一个在襁褓中的婴儿象形描写。与子对应的动物形象为鼠，反映中国早期先民有居住地穴的生活方式和鼠图腾崇拜的现象（见图：陕西户县农民画·老鼠娶亲）。在殷墟遗址考古发掘中发现了大量地穴，除有一部分是用于储藏东西外大部分则是用于居住，说明商代晚期殷商人仍有挖地穴居住的习俗。

丑[chǒu]

甲骨文 金文 小篆 

《**说文**》丑：紐也。十二月，萬物動，用事。象手之形。時加丑，亦舉手時也。敕九切。

《**字典**》象形字，甲骨文、金文状似手的样子。本义是爪。后来用于表示地支，排在子的后面，可以用来指时间，表示农历十二月，或凌晨一时至三时。丑还作为醜的简化字，鬼为形，酉为声，本义是丑陋、难看。

补正：——丑[chǒu]

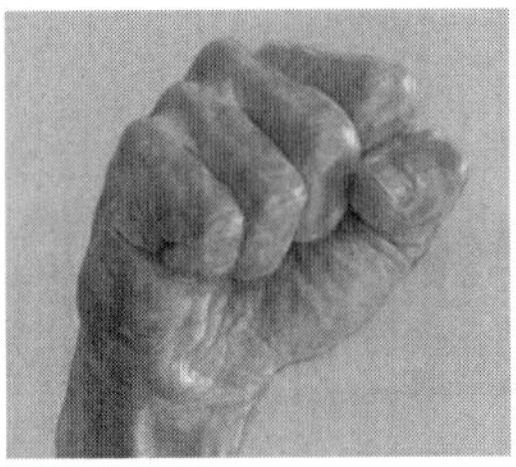

地支第二位。其构形为握紧的拳头象形描写，肢体语言表达的是“团结和力量”的意思。与丑对应的动物形象为牛，牛在早期人类文化中代表力量。

羞[xiū]

甲骨文 金文 小篆 

《**说文**》羞：進獻也。从羊，羊，所進也；从丑，丑亦聲。息流切。

《**字典**》会意兼形声字，甲骨文和金文都手持羊形。本义为进献食品。

补正：——羞[xiū]

——羊，羊的象形符号。

——拳头象形符号。

二形合在一起，表示一个人用手抓着羊的状态会意描写，二种含意：(1)指一个人的力量或胆子比羊小，这在崇尚力量的远古时期是一种羞耻；(2)进献美食。

寅[yín]

甲骨文  金文  小篆 

《说文》寅：髕也。正月，陽气動，去黄泉，欲上出，陰尚彊，象宀不達，髕寅於下也。弋真切。徐鍇曰："髕斥之意，人陽气鋭而出，上閡於宀臼，所以擯之也。"

《字典》缺

补正：——寅[yín]

地支第三位。其构形为一支飞行中的箭（或射中目标的箭）象形描写。与寅对应的动物形象为虎，故该符号表示勇敢，是对部族男性成员的期望和要求。

黄[huáng]

甲骨文  金文  小篆 

《说文》黄：地之色也。从田从炗，炗亦聲。炗，古文光。乎光切。

《字典》古文字是形声兼会意字，田为形，炗为声，炗是古文的光字。本义指佩玉，后引申假借表颜色；基本义指黄河流域的土地的颜色或黄帝的简称。

补正：——黄[huáng]

——口，这里表示整体或发布号令。

——寅，射中箭靶的箭象形描写。

二形合在一起，表示一声令下所有的箭应声射向目标，喻意统帅和指挥军队，统一的军队是国家形态出现和民族形成的标志。黄帝，中国古代军事首领，中华民族的缔造者。黄现在的字义指黄色，古时帝王专用的颜色。

卯[mǎo]　甲骨文　金文　小篆

《**说文**》卯：冒也。二月，萬物冒地而出。象開門之形。故二月爲天門。莫飽切。

《**字典**》缺

补正：——卯[mǎo]

地支第四位。其构形为女阴的象形描写；在中医术语中，女阴也称天门，也就是自然之门，生命之门。与卯对应的动物形象为兔，喻意生育力强，是对部族女性的期望和要求。

留[liú]　金文　小篆

《**说文**》留：止也。从田丣聲。力求切。

《**字典**》形声字，田为形，丣（yǒu，酉的古文）为声。本义为停留、留止、不离开原地。

补正：——留[liú]（畱）

——卯，这里指雌性。

——田，这里指筐子或围栏。

二形合在一起，表示将雌性的动物留下饲养进行繁殖。

辰[chén]

甲骨文　金文　小篆

《**说文**》辰：震也。三月，陽气動，靁電振，民農時也。物皆生，从乙、匕，象芒達；厂，聲也。辰，房星，天時也。从二，二，古文上字。植鄰切。臣鉉等曰：三月陽气成，艸木生上徹於土，故从匕。厂，非聲。疑亦象物之出。徐鍇曰："匕音化。乙，艸木萌初出曲卷也。"

《**字典**》象形字，状似人手执耕作的器具。

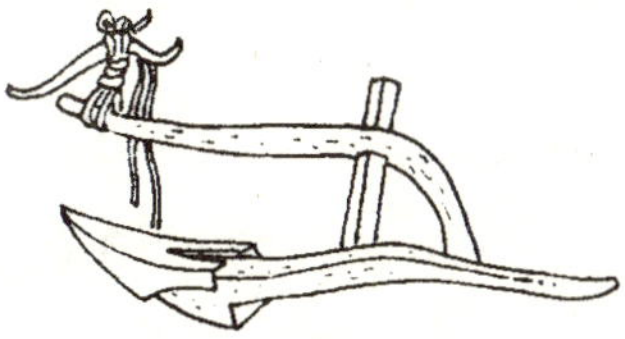

补正：——辰[chén]

地支第五位。其构形为农具犁的象形描写。与辰对应的动物形象为"龙"，表示农业生产的第一个工序犁地。

农[nóng]

甲骨文　金文　小篆

《**说文**》農：耕也。从晨囟聲。奴冬切。徐鍇曰："當从凶乃得聲。"

《**字典**》会意字，繁体写作農，甲骨文状似一个人手持工具在山林草地耕作，金文的农字由田和表示用手执农具的辰字组合而成，合起来表示耕作之事。

补正：——农[nóng]（農）

——农田象形符号。

——犁的象形符号。

——犁划出来的痕迹象形描写。

三形合在一起，由犁地和田地中的禾苗表示"农业"的概念。

巳[sì]

甲骨文　金文　小篆

《**说文**》巳：巳也。四月，陽气巳出，陰气巳藏，萬物見，成文章，故巳爲蛇，象形。詳里切。

《**字典**》甲骨文和金文是象形字，像还在母腹中的胎儿。本义指胎儿，常用义指地支的第六位。

补正：——巳[sì]

地支第六位。其构形为带有胚芽的种子象形描写。与巳对应的动物形象为小蛇，喻意有生命力的种子；巳反映农业生产的第二个过程播种。

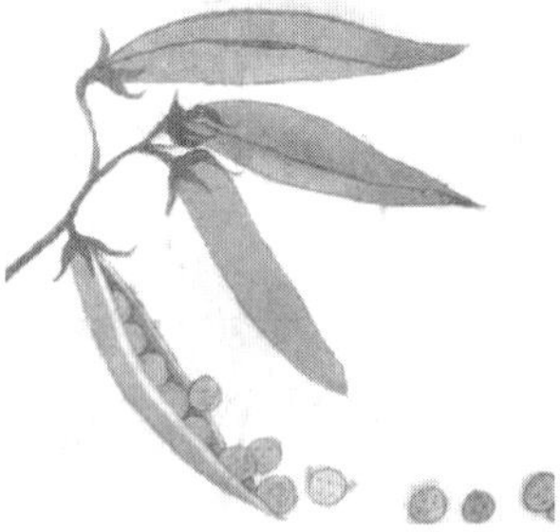

改[gǎi]

甲骨文　金文　小篆

《**说文**》改：更也。从攴、己。古亥切。李陽冰曰：“己有過，攴之即改。”

《**字典**》会意字，由攴和己两部分组成。在古文字中，攴像一只拿着鞭子的手，也像一个跪着的人，其所指意思是对犯错误的人进行惩罚，使之改正，因此，改的本义为改变、变更，特指改正错误。

补正：——改[gǎi]

——巳，种子象形符号。

——手持尺子的象形符号。

二形合在一起，本义表示选育良种，引申指改变。

始[shǐ] 金文 小篆

《**说文**》始：女之初也。从女台聲。詩止切。

《**字典**》形声字，女为形，台为声。本义为开始。

补正：——始[shǐ]

——倒写的“巳”象形符号。

——女人象形符号。

二形合在一起，本义表示播种（古时播种通常由女人去做），由种子埋进土里开始生长，引申指开头、起始。

屯[tún]孛[bèi] 甲骨文 金文 小篆

《**说文**》屯：難也。象屮木之初生。屯然而難。从屮貫一。一，地也。尾曲。《易》曰：“屯，剛柔始交而難生。”陟倫切。

孛：㚔也，从宋；人色也，从子。《論語》曰：“色孛如也。”蒲妹切。

《**字典**》屯，篆文是指事字，由表示平地的“一”和表示像草木由地面曲折冒出的“屮”组合而成，指像草木初生似的艰难而又曲折的样子。

孛，孛由⺍（宋，义为草木繁盛）和子（即人）两部分组成。在古书中指彗星。

补正：——屯[tún]孛[bèi]

其构形由“”（发芽的种子）加“”（指示符号）构成，后分化为二个字：(1)屯，表示种子发芽后根系向土壤中下扎，引申指定居、定居地；(2)孛，种子发芽后茎杆快速长高、长粗的状态。

午[wǔ]

甲骨文  金文  小篆 

《**说文**》午：啎也。五月，陰气午逆陽。冒地而出。此与矢同意。疑古切。

《**字典**》甲骨文是象形字，像一个两头粗圆中间细的棒槌，代表五月，阴气顶触地面而出，逆犯阳气；金文像杵，是杵的初文。午的本义指杵，指一种舂米的工具；后借指纵横相交，而造杵字表本义。

补正：——午[wǔ]

地支第七位。其构形为种子发芽后向下扎根同时茎干向上快速长高的状态会意描写。与午对应的动物形象为马，喻意此时植物快速生长。

匋[táo]

甲骨文  金文  小篆 

《**说文**》匋：瓦器也。从缶，包省聲。古者昆吾作匋。案：《史篇》讀與缶同。徒刀切。

《**字典**》古时的匋字指陶器，后写作陶，表示用黏土烧制成各种瓦器。

补正：——匋[táo]（陶）

——弯腰的人象形描写。

——拉坯制陶时器壁逐渐被拉高的状态会意描写。

二形合在一起，表示制陶、陶器。

许[xǔ]　　金文　　小篆

《**说文**》許：聽也。从言午聲。虛吕切。

《**字典**》形声字，讠为形，午为声。本义为听从，依照别人说的话去做。

补正：——许[xǔ]（許）

——午，这里代表马。

——言，表示说的话。

二形合在一起，表示“一言既出，驷马难追”之意，引申指承诺、答应。

御[yù]　　甲骨文　　金文　　小篆

《**说文**》御：使馬也。从彳从卸。牛據切。徐鍇曰：“卸，解車馬也。或彳或卸皆御者之職。”

《**字典**》会意字，金文是由右边的人和左边的马鞭会意组成；古文写成驭，左边为马，右边为又（手）；篆文将金文中的马鞭讹变为午，再加辵，写成御。本义为驾驭车马。篆文又有禦，是形声字，示为形，御为声，本义指抵御灾祸的祭祀，此义已不用，而表抗御义，后此义又用御表示。

补正：——御[yù]

——祭台、供桌象形符号，表示静止。

——午，代表马。

——跪坐姿态的人象形描写。

三形合在一起，本义表示一个人驾驶马车；其发音源自于让马停下来的指令（吁[yù]）。

秦[qín] 甲骨文  金文  小篆 

《**说文**》秦：伯益之後所封國。地宜禾。从禾，舂省。一曰秦，禾名。匠鄰切。

《**字典**》会意字，由禾和舂省去臼字会意而成。本义为人双手抱杵舂禾谷，但这只是后人的猜测，在文献中均不见其本义。

补正：——秦[qín]

——双手驾驭马或专职养马的含义（午在这里代表马）。

——二个“禾”，表示产量高。

二形合在一起，本义表示擅长养马同时重视农业，即农牧业并重之意；其读音与“勤”相同。

嬴[yíng] 甲骨文  金文  小篆 

《**说文**》嬴：少昊氏之姓也。从女，嬴省聲。以成切。

《**字典**》缺

补正：——嬴[yíng]

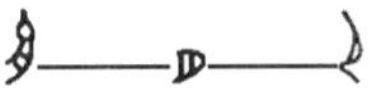 从右向左排列表示一代一代生育并养大，即通过繁殖使种群数量增加。

嬴姓，秦人祖先的姓氏，秦始皇的名字就叫嬴政，该字构形反映出的信息与《史记》对秦祖先因擅养殖而被“舜赐姓嬴氏”的记载相合。

未[wèi]

甲骨文  金文  小篆 

《**说文**》未：味也。六月，滋味也。五行，木老於未。象木重枝葉也。無沸切。

《**字典**》象形字，像树木茂盛、枝叶重叠的样子。

补正：——未[wèi]

地支第八位。其构形为禾苗处于拔节抽穗的生长状态象形描写，表示庄稼还未成熟不到收割时间，引申指“不，没有”。未对应的动物形象为羊，喻意农作物此时需要精心看护。

申[shēn]

甲骨文 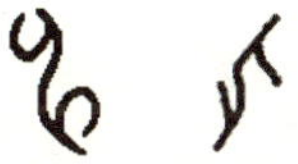 金文  小篆 

《**说文**》申：神也。七月，陰气成，體自申束。从臼，自持也。吏臣餔時聽事，申旦政也。失人切。

《**字典**》甲骨文和金文是象形字，像常在西天出现的曲折的闪电之形。本义指闪电，后用電（电）字表示这一意义。

补正：——申[shēn]

地支第九位。其构形由两个相反方向的螺旋线组合构成，本义为由种子—种子的生命循环过程，引申指重复、再一次。申对应的动物形象为猴，喻意果实成熟了。

酉[yǒu]

甲骨文  金文  小篆 

《**说文**》酉：就也。八月黍成，可爲酎酒。象古文酉之形。與久切。丣，古文酉。从丣，丣爲春門，萬物已出。酉爲秋門，萬物已入。一，閉門象也。

《**字典**》象形字，甲骨文和金文中都像酒坛的形状。本义指一种酒具，引申指酒，是酒的本字。

补正： ——酉[yǒu]

地支第十位。其构形为一个封口的坛子象形描写，表示粮食收获后的储藏，其读音和含义与“有”相同，酉表示农业生产的最后一道工序，收获和储藏。酉对应的动物形象为鸡，古时鸡代表财富和吉祥。

配[pèi]

甲骨文  金文  小篆 

《**说文**》配：酒色也。从酉己聲。滂佩切。臣鉉等曰：己非聲。當从妃省。

《**字典**》形声字，酉为形，己为声。甲骨文像酒尊之形，本义指酒的颜色。

补正：——配[pèi]

——酉，上面小点表示米。

——跪坐之人象形符号。

二形合在一起，表示给个人分发粮食，即分配、配给之意。

酒[jiǔ]

甲骨文  金文  小篆 

《说文》酒：就也，所以就人性之善惡。从水从酉，酉亦聲。一曰造也，吉凶所造也。古者儀狄作酒醪，禹嘗之而美，遂疏儀狄。杜康作秫酒。子酉切。

《字典》会意兼形声字，由氵和酉构成，酉指农历的八月，造酒的原料黍在这个时节成熟，合起来表示用水和黍在八月酿酒。

补正：——酒[jiǔ]

——河流象形符号。

——酉，封口的坛子象形描写。

二形合在一起，表示储藏在密封容器内的谷物在水分多的情况下会发酵形成酒，酒字的读音与“久”相同，字形则提示了酒的产生原理。

犹[yóu]

甲骨文  金文  小篆 

《说文》猶：玃屬。从犬酋聲。一曰隴西謂犬子爲猷。以周切。

《字典》繁体写作猶，是形声字，犭为形，酋为声。

补正：——犹[yóu]（猶）

——酉，表音兼表意。

——犬，狗的象形描写。

二形合在一起，表示已经养了很长时间与人很熟悉、通人性的狗；(1)由人与狗的默契引申指如同、仿佛；(2)由狗跟随主人引申指①副词，还、仍然；②连词，尚且。

戌[xū]

甲骨文　金文　小篆

《**说文**》戌：滅也。九月，陽气微，萬物畢成，陽下入地也。五行，土生於戊，盛於戌。从戊含一。辛聿切。

《**字典**》甲骨文和金文像宽刃的兵器；一说，从字形看，与戉（yuè）相似。戌字常被借用作地支的第十一位。

补正：——戌[xū]

地支第十一位。其构形为夯具象形符号。戌对应的动物形象为狗，狗可以看家护院，喻意丰收以后要小心保护劳动果实。

亥[hài]

甲骨文　金文　小篆

《**说文**》亥：荄也。十月，微陽起，接盛陰。从二，二，古文上字。一人男，一人女也。从乙，象裹子咳咳之形。《春秋傳》曰："亥有二首六身。"胡改切。

《**字典**》象形字，甲骨文像一头侧躺着的猪。本义指猪。

补正：——亥[hài]

地支第十二位。其构形为一个突出男性生殖器的人象形描写，本义表示性成熟的青年男性。亥对应的动物形象为猪，喻意结婚成家。该甲骨文的构形表意可以从仰韶文化彩陶盆上的图案得到启发和理解。

亥在篆文中写作：

——亥[hài]

——云的象形符号，表示允许。

——两个并排侧睡在一起的人（一男一女）象形描写。

二形合在一起，表示得到社会认可的男女婚姻行为。文字形体的变化反映出社会生活形态的改变。

文字“亥”和生肖动物“猪”相对等，表示年青男性长大后成家，意味着下一代新生命“子”的开始，即又一个地支循环的开始（见图：户县农民画·轮回）。

由以上对十二个地支文字象形符号生活原型的分析可以看出，其中“辰、巳、午、未、申、酉”表示的是一个完整的农业生产过程，地支是在此基础上扩展而来。

补正四 “四方风名”新释

“四方风名”胛骨刻辞（见图）自殷墟出土以后，因其字体用朱砂充填，极为罕见，故引起了学者们的广泛关注。

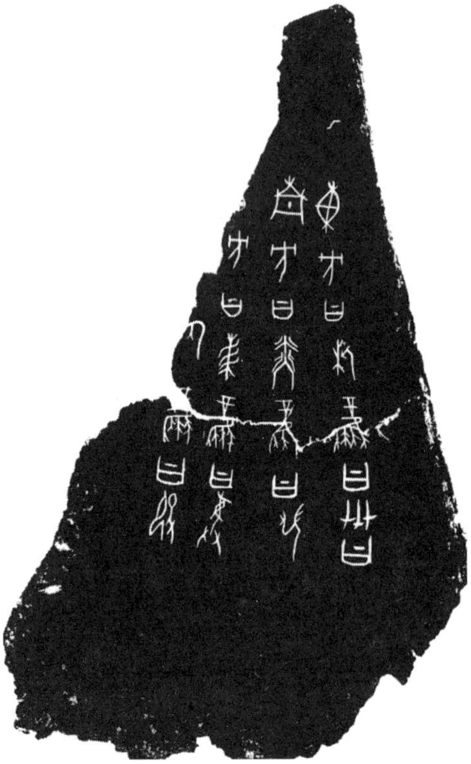

著名甲骨文学者胡厚宣先生曾对这片牛肩胛骨上的文字和含义做过深入考证，发表了著名的《甲骨文四方风名考证》一文，他认为这片胛骨的文字和含义应该是商代祭祀四方神和风神的名字，即：

东方神“析”，风神“劦”。

南方神“”，风神“微”。

西方神“”，风神“彝”。

北方神“”，风神“”。

本着严谨的态度，胡先生并未对该片胛骨的未知文字做明确的厘定，而是存疑。其后也有学者尝试对该胛骨未识文字进行破译，但都无功而返。现在我们依据甲骨文象形符号含义分析方法重新对该胛骨未识文字及含义重新加以解读。

其实破解这片胛骨文字含义的钥匙在于“方”字的真正含义是什么。

方[fāng]　甲骨文 　金文 　小篆 

《**说文**》方：併船也。象兩舟省、總頭形。府良切。

《**字典**》象形字。本义指和圆相对的方形。

补正：——方[fāng]

——捆扎和固定符号。

——勺子象形符号。

二形合在一起，本义指由七颗星连在一起构成勺子形状的北斗星。中国先民早就认识到斗柄指向与四季有直接的对应关系，民间谚语有：斗柄指东（东方），天下皆春；斗柄指南（南方），天下皆夏；斗柄指西（西方），天下皆秋；斗柄指北（北方），天下皆冬。故甲骨文字“析、、、”应该分别对应的是春、夏、秋、冬。但问题是这四个甲骨文字在形体上与春夏秋冬四字不符合。除“析”通新与春可以打通外，其余三字的字形上无法厘定，需要加以破译。

夏[xià]　甲骨文 　金文 　小篆 

《**说文**》夏：中國之人也。从夊从頁从臼。臼，兩手；夊，兩足也。胡雅切。

《**字典**》篆文是会意字，由三部分组成，从上到下依次代表头、双手、双脚。本义指上古时住在中原地区的人，也叫诸夏或华夏；有人认为，夏字在金文中从上到下依次是头、身、足，像一个高大威武的人。本义指高大的人。

补正：——夏[xià]

——八，这里指“分开，没有”之意。

——大，正面站立之人的象形描写。

——北，背靠背的两个人象形描写。

三形合在一起，表示在夏季中午时分一个人的影子变得最小，即影子中头和脚连在一起的状态会意描写，本义指夏季、夏天。现在的“夏”就是由头和脚符号构成的（有学者将“”厘定为“夹”是不对的，因为“夹”在甲骨文中写作“”，与该甲骨文有明显区别）。

秋[qiū]

甲骨文 金文 小篆

《说文》秋：禾穀孰也。从禾，𪚰省聲。七由切。

《字典》形声字，禾为形，𪚰（jiāo，后省略为火）为声。本义指百谷成熟。

补正：——秋[qiū]

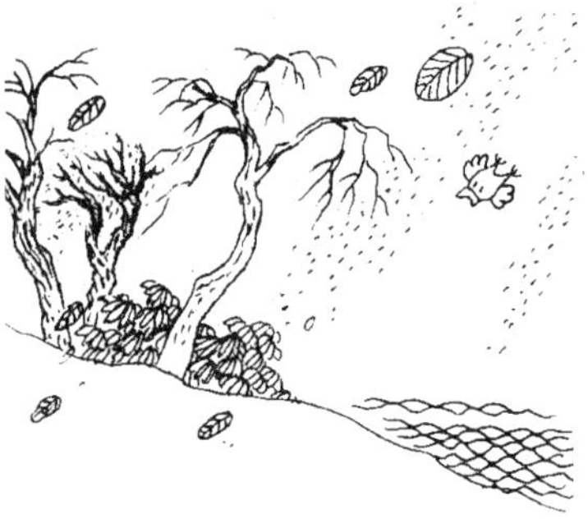

——树的象形描写。

——气，刮风的象形描写，这里表音兼表意。

二形合在一起，表示气流从树中间吹过，即秋风扫落叶的象形描写，本义指秋季。另一个甲骨文“ ”（秋），其构形为蟋蟀的象形描写，民间俗称蛐蛐，蛐与秋音近，这里借指秋季，反映“秋”字形体出现较晚。现在的“秋”字反映秋收后放火焚烧秸秆的习俗。

丸[wán]夗[yuàn]　甲骨文　金文　小篆

《**说文**》丸：圜，傾側而轉者。从反仄。胡官切。

夗：轉臥也。从夕从卩。臥有卩也。於阮切。

《**字典**》丸，会意字，字形与仄相反。仄指有角，不平；丸指无角，圆的。本义指圆体，倾侧圆转无碍的东西。

夗，缺

补正：——丸[wán]夗[yuàn]

其构形为一个弯腰蜷缩成一团的人象形描写，本义表示天气寒冷的冬季。人的手之所以被描画成了蛇的舌头形状，是因为冬天天气寒冷，人通常将手缩在袖子中保暖，手不得已伸出来完后再赶快放进袖筒中，与蛇吐舌头的状态一样（见图：汉陶俑）。后分化为二个字：(1)丸；(2)夗。

这样就遇到了一个问题，如果按刻辞文意应理解为“冬”字，但如果单纯追求字的构形则应厘定为“丸”字，而“丸”现在的字义又没有“冬季”之意，这也是甲骨文破译困难的原因之一。

歇[xiē]　甲骨文　小篆

《**说文**》歇：息也。一曰气越泄。从欠曷聲。許謁切。

《**字典**》形声字，欠为形，曷为声。本义不详。

补正：——歇[xiē]

——跪坐之人，表示非劳动状态。

——曷，手中拿着卷起来的鞭子象形描写。二形合在一起，表示休息、歇息之意，该甲骨文在“四方风名”胛骨刻辞中与北方相对应，表示冬天来临人们不再外出放牧。

微[wēi] 甲骨文  金文  小篆 

《**说文**》微：隱行也。从彳敚聲。《春秋傳》曰："白公其徒微之。"無非切。

《**字典**》形声字，彳为形，敚为声。本义为隐蔽出行。

补正：——微[wēi]

其构形为一个人用手扇风乘凉头发散开飞扬起来的状态象形描写（见图），该甲骨文与夏季对应，本义表示夏季天气炎热人应少活动避免中暑。微现在的字义由动作轻引申指细小。

综合来看，这片胛骨上的文字含义应是当时人们对季节的称谓及该季节气候对人们生产活动的指导（风表示时令），即：

东方曰"析"，　　风曰"劦"。

南方曰""（夏），风曰"微"。

西方曰""（秋），风曰"彝"。

北方曰""（丸），风曰"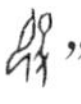"（歙）。

另外，由甲骨文"方"的生活原型和含义我们可以确定，《字典》对甲骨文"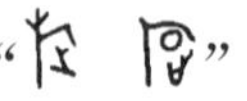"（旋）的厘定是有问题的，因为甲骨文中另有"旋"字，分析如下：

旋[xuán]

甲骨文　金文　小篆

《**说文**》旋：周旋，旌旗之指麾也。从㫃从疋。疋，足也。似沿切。徐鍇曰：“人足隨旌旗以周旋也。”

《**字典**》会意字，甲骨文和金文由表示军队中旌旗之义的㫃（yǎn）和足或㫃和止两个字组合而成；篆文由㫃和表示足的走组合而成。本义为士兵的脚随着旗帜的指挥而向前后左右转动。

补正：——旋[xuán]

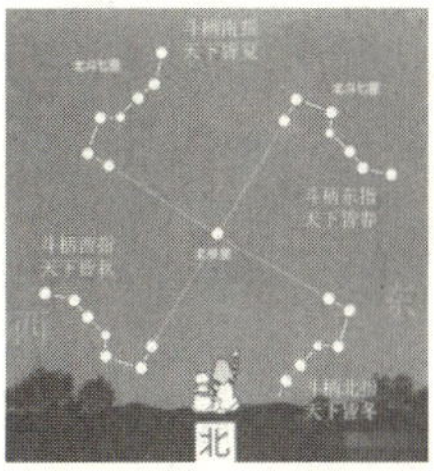

——十字路口象形描写，表示运行。

——脚的象形符号。

——方，北斗星符号。

三形合在一起，本义指北斗星的运行即“旋”字。

旌[jīng]

甲骨文　金文　小篆

《**说文**》旌：游車載旌，析羽注旄首，所以精進士卒。从㫃生聲。子盈切。

《**字典**》形声字，㫃（yǎn）为形，生为声。

补正：——旌[jīng]

——旗帜符号。

——脚的象形符号。

二形合在一起，本义表示将旗帜树立起来，与今日升国旗相似，后指旗帜的总称。《字典》（见P1041）中该甲骨文“ ”现被厘定为“旋”是不对的，应厘定为“旌”。

补正五 其他生活原型不明象形符号释源

1. 牛軛象形符号

厄[è] 甲骨文 金文 小篆

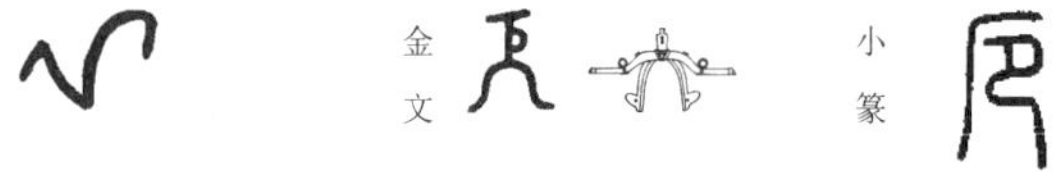

《说文》厄：科厄，木節也。从卩厂聲。賈侍中說，以爲厄，裹也。一曰厄，蓋也。五果切。臣鉉等曰：厂非聲，未詳。

《字典》象形字，金文中厄、戹同字，小篆的下部㔾、乙作弯軛形，上部的厂、户像系軛的衡木，厄是軛的初文。本义指套在拉车的牲口头颈上的弯曲木架，即车軛。

补正：——厄[è]（戹）

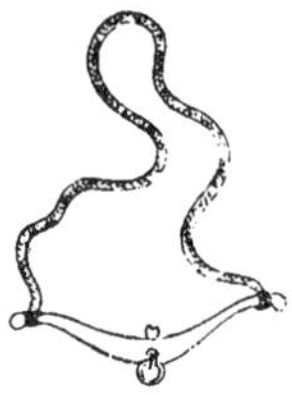

其构形为套在牲口脖子上用于牵拉的用具象形描写（见图：牛軛），本义指軛，引申指无法摆脱的控制，再引申指苦难、灾难。

两[liǎng] 甲骨文 金文 小篆

《说文》兩：二十四銖爲一兩。从一；㒳，平分，亦聲。良獎切。

《字典》在古文字中写作“㒳”“兩”两个字。有人认为㒳是会意兼形声字，由冂（jiǒng）字中间加一竖和两个入（liǎng）两部分组成，表示将物体从中间一分为二；㒳是兩的初文，兼表声。本义指同样的、并列的或成对的两个。

补正：——两[liǎng]（兩）

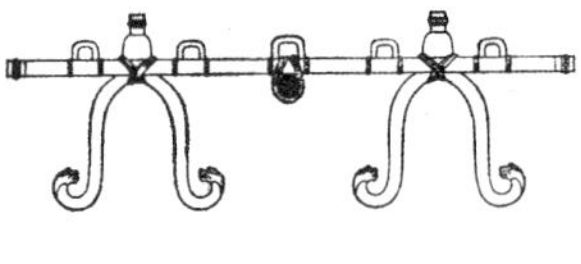

其构形为车辕横木上的两个“厄”象形描写（见图），“两”的本义指相同的两个，后借指重量单位。

危[wēi]　　甲骨文 　小篆 

《说文》危：在高而懼也。从⺈，自卩止之。魚爲切。

《字典》会意字，由⺈（wěi）和卩（jié，后演变成“㔾”）组成，表示人因在高处而心情恐惧；甲骨文像一个人站在一块上大下小的岩石上。

补正：——危[wēi]

——厄。

——蛇的象形符号。

二形合在一起，本义表示猎物已经被蛇缠绕住，喻意处于危险之中（但还有生的可能）。

顾[gù]　　甲骨文 　金文 　小篆 

《说文》顧：還視也。从頁雇聲。古慕切。

《字典》形声字，繁体写作顧，页为形，雇为声。本义为回头看。

补正：——顾[gù]（顧）

——厄，牵拉用具。

——外出行走之人象形描写。

二形合在一起，表示头脑中的牵挂、羁绊。顾的字义有：(1)回头看、回头；(2)关心、照看；(3)探望、拜访。另一个甲骨文“”（顾），表示“三顾”之意。

2. 梯子或台阶象形符号

阜[fù] 甲骨文  金文  小篆 

《说文》阜：大陸，山無石者。象形。房九切。

《字典》象形字，甲骨文状似可拾级而上的高大的土山的样子。本义指面积很大的、又高又平的土地，常专门用来指高大的土丘。

补正：——阜[fù]

其构形为梯子或台阶的象形描写，后指台地、土丘、高地。

我[wǒ] 甲骨文  金文  小篆 

《说文》我：施身自謂也。或說我，頃頓也。从戈从𠂿。𠂿，或說古垂字。一曰古殺字。五可切。徐鍇曰："从戈者，取戈自持也。"

《字典》象形字。本义指一种长柄而带齿形刃口的兵器，所以我字部首为戈，古文写作㦱。

补正：——我[wǒ]

——梯子或台阶的象形描写。

——戈，镰刀象形符号。

二形合在一起，表示手持镰刀正在收割的人会意描写。（见汉画像石·渔耕图）

隋[suí]　小篆

《**说文**》隋：裂肉也。从肉，从隓省。徒果切。

《**字典**》形声字，月（肉）为形，陏（duò）省略下面的左为声。本义指古代祭祀后剩余的肉。

补正：——隋[suí]

——梯子或台阶象形符号。

——左手加固定符号。

——肉的象形符号。

三形合在一起，表示右手用刀切肉片时左手一点一点向后退的状态会意描写，隋的本义指“随”。隋，朝代的名称。

陆[lù]　甲骨文　金文　小篆

《**说文**》陸：高平地。从𨸏从坴，坴亦聲。力竹切。

（坴：土塊坴坴也。从土圥聲。讀若逐。一曰坴梁。力竹切。）

《**字典**》繁体写作陸，是形声兼会意字，阝（阜）为形，坴（lù）为声；坴兼表义，表示有土但无石。本义指又高又平的土地。

补正：——陆[lù]（陸）

——梯子或台阶象形符号。

——坴，连续跳高的人象形描写。

二形合在一起，表示一个人原地蹦跳的状态象形描写，《庄子·马蹄》：“龁草饮水，翘足而陆，此马之真性也。”后指陆地。

陵[líng] 甲骨文 金文 小篆

《**说文**》陵：大𠂤也。从𠂤夌聲。力膺切。

《**字典**》形声字，阝（邑）为形，夌为声。本义指较大的土山。

补正：——陵[líng]

——梯子或台阶象形符号。

——突出脚部的人象形描写。

二形合在一起，本义表示人一跃而上的状态会意描写，后该含义被“凌”取代，陵现指有高大封土堆的坟墓。

3. 尺子象形符号

尺[chǐ] 甲骨文 小篆

《**说文**》尺：十寸也。人手卻十分動脈爲寸口。十寸爲尺。尺，所以指尺規榘事也。从尸从乙。乙，所識也。周制，寸、尺、咫、尋、常、仞諸度量，皆以人之體爲法。昌石切。

《**字典**》指事字，由尸和乙两部分组成，尸象征人体的形状，乙表示人体的部位，乙后来写作一捺；在金文中，尺字状如在一个人形的小腿部位加一个指示符号，以表示一尺的高度。本义指一种长度单位名。

补正：——尺[chǐ]

其构形为带有刻度的尺子象形描写。

真[zhēn]　　金文　　小篆

《说文》真：僊人變形而登天也。从匕从目从乚；音隱。八，所乘載也。側鄰切。

《字典》缺

补正：——真[zhēn]

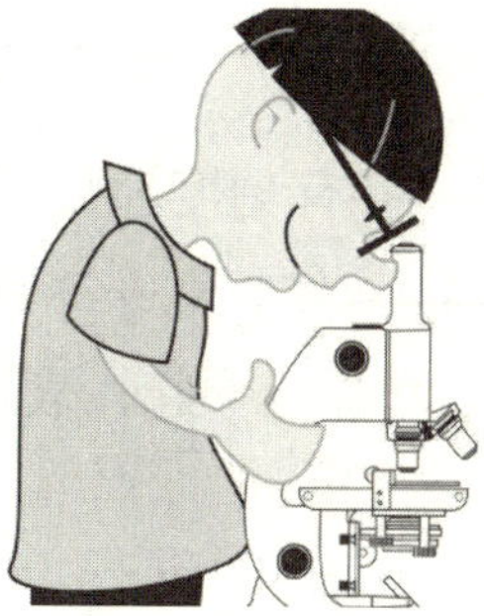

——尺子象形符号，表示度量、检验。

——目，眼睛象形符号。

——几，桌几象形符号。

三形合在一起，表示可以放到桌面上公开展示的，眼见为实的并经得起检验的事物才是真实的。

乍[zhà]作[zuò]　　甲骨文　　金文　　小篆

《说文》乍：止也，一曰亡也。从亡从一。鉏駕切。徐鍇曰：“出亡得一則止，暫止也。”

作：起也。从人，乍聲。则洛切。

《字典》乍，构形和本义尚无定论。有人认为甲骨文和金文像做衣之形。

作，会意字，由亻和乍两部分组成。本义为兴起、起立。

补正：——乍[zhà]作[zuò]

——有刻度的尺子象形描写。

——大拇指和伸展的四指象形描写。

二形合在一起，表示用手做尺子丈量，后分化为二个字：(1)乍，陕西人将手的大拇指和中指间的长度称为“一乍”；(2)作，制作、凭据。

度[dù]　甲骨文　小篆

《说文》度：法制也。从又，庶省聲。徒故切。

《字典》形声字，又为形，庶（省略灬）为声。

本义指计量物体长短的的标准及器具。

补正：——度[dù]

——有刻度的尺子象形描写。

——右手象形符号。

二形合在一起，表示用尺子测量。

4. 号角象形符号

丂[kǎo]　甲骨文　金文　小篆

《说文》丂：气欲舒出。勹上礙於一也。丂，古文以爲亏字，又以爲巧字。苦浩切。

《字典》缺

补正：——丂[kǎo]

其构形为号角象形符号。

于[yú] 甲骨文 金文 小篆

《**说文**》于：於也。象气之舒亏。从丂从一。一者，其气平之也。羽俱切。

《**字典**》缺

补正：——于[yú]

其构形由“”（号角象形符号）上加“”（指示符号）构成，表示手持号角之意，因为号角在古代是发布命令的用具，对人的行为具有指导作用，故“于”用为引出动作的时间、地点、对象、范围、原因的介词，可译为在，向，到，对于，由于等。

可[kě]号[hào] 甲骨文 金文 小篆

《**说文**》可：肎也。从口㔾，㔾亦聲。肯我切。

号：痛聲也。从口在丂上。胡到切。

《**字典**》可，古文是会意兼形声字，由口和丂（kǎo）两部分组合而成，丂表示气欲吐出，合起来表示许可、认可，丂兼表声。本义为同意、许可、赞赏。

号，会意字，表示气由下向上而出，中间受阻，变成声音从口中发出。

补正：——可[kě]号[hào]（號）

——号角符号。

——口，多种含义，这里指号声。

二形合在一起，表示号角声，后分化为二个字：(1)可，由表示指令的号声引申指同意；(2)号，号角、号声。

亏[kuī] 甲骨文  小篆 

《**说文**》虧：气損也。从亏雐聲。去爲切。

《**字典**》繁体写作虧，是形声字，亏为形，雐（hū）为声。本义为气不足。

补正：——亏[kuī]（虧）

其构形为号角符号上加指示符号构成，表示力气不足只能将号角吹出单音的含义，引申指：(1)虚弱；(2)欠缺，再引申指损失。

兮[xī] 甲骨文  金文  小篆 

《**说文**》兮：語所稽也。从丂，八象气越亏也。胡雞切。

《**字典**》会意字，由表分散而发、扬之义的八和表示气息在呼出时遇到“一”的阻碍的丂（kǎo）上下组合而成，合起来表示气在受阻后再舒发出来。

补正：——兮[xī]

——号角符号。

——指示符号，这里指号声的节奏。

二形合在一起，表示节奏较慢的号声，其发音与“息、西”相同，可以理解为今天部队中的熄灯号；兮通常用在句尾，表示语气。

乎[hū]

甲骨文 金文 小篆

《**说文**》乎：語之餘也。从兮，象聲上越揚之形也。户吴切。

《**字典**》会意字，但其构形没有确论。本义是呼吸、呼气，后加口字用呼字表示此义，而乎借用为虚词。

补正：——乎[hū]

——号角符号。

——指示符号，指号声的节奏。

二形合在一起，表示急促的号声，寓意有紧急情况出现，本义指呼唤人。现用为语气词，表示疑问和肯定两种含义。

朽[xiǔ]

甲骨文 小篆

《**说文**》朽：腐也。从歺丂聲。許久切。

《**字典**》形声字，木为形，丂（kǎo）为声。本义为木头腐烂。

补正：——朽[xiǔ]

——号角符号。

——树的象形符号。

二形合在一起，表示树心是空的，腐朽之意。

夸[kuā]

甲骨文  金文  小篆 

《**说文**》夸：奢也。从大于聲。苦瓜切。

《**字典**》繁体写作誇，是形声兼会意字，言 为形，夸为声；夸兼表义，表示扩大、过大。

补正：——夸[kuā]（誇）

——大字形站立的人象形描写。

——号角符号。

二形合在一起，表示很大的号角或号角声，引申指颂扬、吹捧。

聘[pìn]

甲骨文  金文 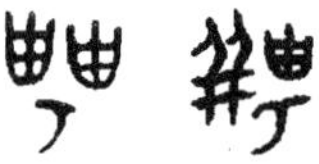 小篆 

《**说文**》聘：訪也。从耳甹聲。匹正切。

《**字典**》形声字，耳为形，甹（pīng）为声。本义为访问、问候；在上古特指诸侯之间或诸侯与天子之间派遣使节访问。

补正：——聘[pìn]

——竹编的漏勺象形符号。

——号角象形符号。

二形合在一起，表示用较大孔径的漏勺多次捞取的状态会意描写；引申指高标准的录取、任用。

息[xī] 甲骨文 金文 小篆

《说文》息：喘也。从心从自，自亦聲。相即切。

《字典》会意字，由自和心上下组合而成，表示内心的气息从鼻孔中呼出。

补正：——息[xī]

其构形由“”（兮）和“”（睡觉的人）两个符号合体构成，本义表示休息，引申指：(1)呼吸、气息；(2)人或动物繁殖、生息，再引申指利息。

羲[xī] 甲骨文 小篆

《说文》羲：气也。从兮義聲。許羈切。

《字典》缺

补正：——羲[xī]

——我，农民的象形描写。

——息，表音兼表意。

二形合在一起，表示用号角声召唤外出劳动的人回来休息，另一个“”（羲），表示用号角声召唤牧羊人回来休息。伏羲，传说中八卦符号和太极图的发明人；羲字的构形反映出早期华夏民族生活的状态。

奂[huàn] 金文  小篆 

《**说文**》奂：取奐也。一曰大也。从廾，夐省。呼貫切。臣鉉等曰：夐，营求也。取之義也。

《**字典**》会意字，由表示双手的廾（gǒng）字和表示营求的夐（xiòng）字省去下半部分构成，合起来表示取得，即以手营求；后来廾演变写作大，成为楷书繁体的奐。本义为换取。

补正：——奂[huàn]（奐）

——由“”和“”两只号角交叉构成，表示许多号角一起吹响。

——两只手的象形描写。

二形合在一起，表示许多人手持号角一起吹响。本义表示仪式场面盛大。

5. **平面象形符号**

厂[chǎng] 甲骨文  金文  小篆 

《**说文**》厂：山石之厓巖，人可居。象形。呼旱切。

《**字典**》繁体字写作廠，是形声兼会意字，广（yǎn）为形，敞为声兼表义，表示敞露。本义指没有墙壁或只有一面墙壁的房子；厂又是庵字的省略写法，读作ān，指圆形的小草屋，多用于人名。

补正：——厂[chǎng]

表示局部平面的象形符号。

区[qū] 甲骨文  金文  小篆 

《**说文**》區：踦區，藏匿也。从品在匸中。品，衆也。豈俱切。

《**字典**》会意字，繁体写作區，由表示有所掩藏的匸（xì）和表示众多的品（后简化为记号“乂”）组合而成，合起来表示众多的物品放在器皿中。本义指掩藏。

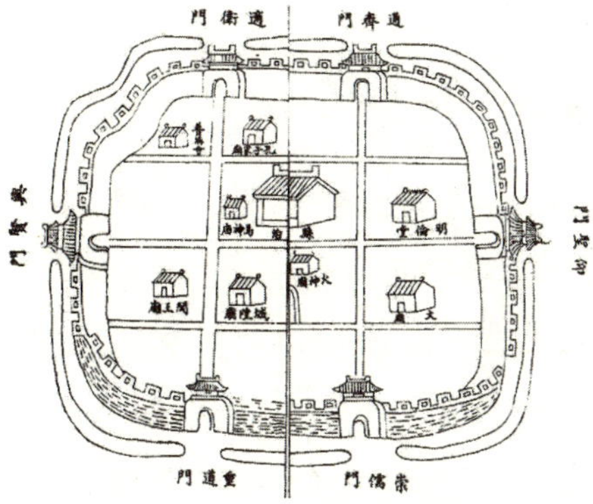

补正：——区[qū]（區）

——平面符号。

——这里指房屋或村庄。

二形合在一起，表示按需要或功能划分的范围，(1)区域、地区；(2)区别、区分。

打[dǎ] 甲骨文  金文  小篆 

《**说文**》打：擊也。从手丁聲。都挺切，《六書故》：都假切。

《**字典**》形声字，扌为形，丁为声；一说是会意字，由扌和丁组成，扌表示手，丁表示当，意思是用手当（做）事。本义为撞击、敲打。

补正：——打[dǎ]

——有限的平面象形符号。

——手持杵的人象形描写。

二形合在一起，表示手持木杵在打平、压实地面或农作物收获后脱粒打场的状态会意描写。

彦[yàn]　甲骨文　金文　小篆

《**说文**》彦：美士有文，人所言也。从彣厂聲。魚變切。

《**字典**》金文是形声字，以表示有文采的文和表示德才兼备的人的弓为形符，厂（hǎn）为声符；篆文弓变形为彡，仍是形声字，彣（wén）为形，厂为声。本义指贤德且有文采的人。

补正：——彦[yàn]

——花纹象形符号。

厂——平面符号。

——乳房象形符号，表示丰满、凸起。

三形合在一起，表示平面上凸起的纹饰、花纹，本义指纹饰清晰、明显、鲜艳，引申指有才华、贤德的人。

产[chǎn]　甲骨文　小篆

《**说文**》產：生也。从生，彦省聲。所簡切。

《**字典**》繁体写作產，是形声字，生为形，彦（yàn）省略彡为声。本义为人或动物的幼体从母体中分离出来，即生育。

补正：——产[chǎn]（產）

——花纹象形符号。

厂——平面符号。

——正在长高的庄稼象形描写。

三形合在一起，本义表示出栏，即将围栏中养大的牲畜卖出，引申指：(1)财产、产业；(2)出产。

侯[hóu]

甲骨文  金文  小篆 

《**说文**》侯：春饗所躲矦也。从人；从厂，象張布；矢在其下。天子躲熊虎豹，服猛也；諸矦躲熊豕虎；大夫射麋，麋，惑也；士射鹿豕，爲田除害也。其祝曰："毋若不寧矦，不朝于王所，故伉而躲汝也。"乎溝切。

《**字典**》甲骨文、金文为会意字，像一支箭射入张挂着的一块布上。本义指上古举行射礼时所用的射布，即箭靶。

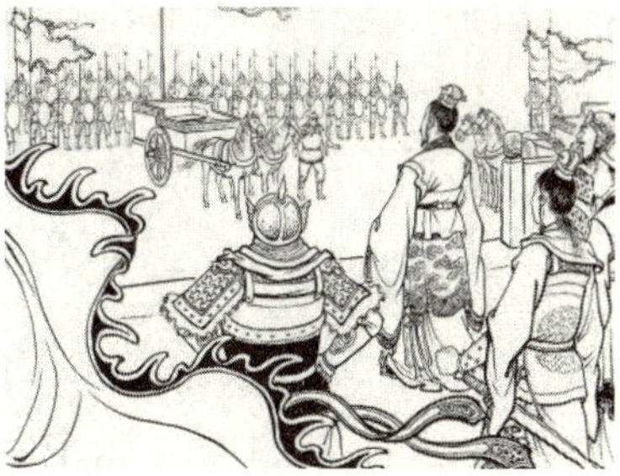

补正：——侯[hóu]

——平面符号。

——箭的象形符号，表示军队、权威。

二形合在一起，本义表示地方武装的首领，后指中国古代高等级贵族名称。

厚[hòu]

金文  小篆 

《**说文**》厚：山陵之厚也。从𣆪从厂。胡口切。

《**字典**》会意兼形声字，由表示人可居住的山崖的厂（hàn）和表示反复烹调食物以使味重的厚的古文𣆪（hòu）两个字组合而成，𣆪兼表声。本义为山陵很厚或上下的距离大。

补正：——厚[hòu]

——平面符号。

——倒放的蒸笼象形符号。

二形合在一起，表示整个平面的高度、厚度，引申指：(1)待遇上的丰厚、优厚；(2)做人上的厚道、实在。

6. 王室标志符号

亚[yà] 甲骨文  金文  小篆 

《**说文**》亞：醜也。象人局背之形。賈侍中說：以爲次弟也。衣駕切。

《**字典**》缺

补正：——亚[yà]（亞）

其构形为甲骨文“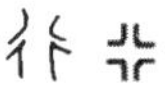”（行）的通道被封堵后的形态象形描写，本义表示商周时期有四条墓道的国王墓葬型制，该符号是王室的重要标志（见商代青铜器上的王室标志符号“”）。引申指低一等的、第二。

古代波斯国王大流士墓葬极不寻常（见图），其墓建在山崖之上人工开凿的石室之中，独特之处在于山崖平面上呈现出的明显的“”（亚字形标志），该标志是中国商周时期王室的象征性标志。由古代波斯皇宫建筑及国王墓葬型制所具有的典型中国文化元素来看，大流士国王的身世有太多的不解之谜有待破解。

大流士国王墓葬

7. 往复符号

散[sàn]　甲骨文　金文　小篆

《说文》散：雜肉也。从肉椒聲。穌旰切。

《字典》有不同解释，没有定论。一说，金文是会意字，由月（夕）、林、攴三部分组成，林表分散义。本义为杂。

补正：——散[sàn]

——表示上下往复符号。

——手持棍子象形描写。

——肉的象形符号。

三形合在一起，本义表示将整块的肉剁成肉末，引申指：(1)粉末；(2)分散、松散。

相[xiàng]　甲骨文　金文　小篆

《说文》相：省視也。从目从木。《易》曰：“地可觀者，莫可觀於木。”《詩》曰：“相鼠有皮。”息良切。

《字典》会意字，由木和目组合而成，表示用眼睛观察树木的外形。本义为察看。

补正：——相[xiàng]

——往复运动符号。

——眼睛象形符号。

二形合在一起，表示一个人用眼睛上下反复打量的状态会意描写，本义指通过观察进行的评估活动。

格[gé]

甲骨文  金文  小篆 

《**说文**》格：木長皃。从木各聲。古百切。

《**字典**》形声字，木为形，各为声。本义为树木枝条很长；转指木栅栏。

补正：——格[gé]

——往复符号。

——返回的脚象形描写

——口，多种含义，这里指场地或目标。

三形合在一起，(1)由脚步的快速进退，表示“格斗、阻挡”；(2)由格斗时进退有据引申指“模式、格式”；(3)由循环往复引申指“研究”，《礼记·大学》：“致知在格物。”

匊[jū]

金文  小篆 

《**说文**》匊：在手曰匊。从勹、米。居六切。臣鉉等曰：今俗作掬，非是。

《**字典**》缺

补正：——鞠[jū]（匊）（见作册睘卣铭文）

——侧立之人象形描写。

——往复符号。

二形合在一起，表示一个人反复弯腰鞠躬的状态会意描写，肢体语言为“恭敬、感谢”。该字与“”（休）明显不同，现厘定为休有误。

某[mǒu]

金文 　小篆 

《说文》某：酸果也。从木从甘。闕。莫厚切。

《字典》是梅的本字，是象形字，下面为表示树的木，上为表示果的甘；又写作槑，省略写作呆，但与今天读作 dāi 的呆字的意义不同。槑是古文某字。某的本义指酸果，即梅，后此义用梅字替代，某则用作代词，借指不确定的人或事物，或指代已知但不明确说出的人或事物，某也用于自称。

补正：——某[mǒu]

——甘，这里指说好听话，嘴甜。

——往复符号。

二形合在一起，表示给两边的人都说好话，劝和之意，本义指“说媒”，即两边说和促成男女婚事，该含义被“媒”取代，现仅指不明确的所指。

乐[yuè]

甲骨文 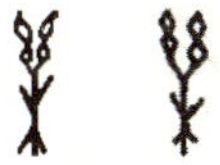　金文 　小篆 

《说文》樂：五聲八音總名。象鼓鞞。木，虡也。玉角切。

《字典》繁体写作樂，是象形字；甲骨文和金文像丝弦绷附在木上的样子。

补正：——乐[yuè]（樂）

——两束丝线象形描写，表示琴弦。

——往复符号。

二形合在一起，表示一个人在弹琴的状态会意描写，(1)音乐；(2)乐[lè]，指快乐、欢乐。

译[yì]择[zé]

甲骨文  小篆 

《**说文**》譯：傳譯四夷之言者。从言睪聲。羊昔切。

擇：柬选也。从手，睪聲。丈伯切。

《**字典**》译，缺

择，形声字，扌为形，睪（yì）为声；金文形符是廾，表示双手。本义为对事物进行区分、挑选。

补正：——译[yì]（譯）择[zé]（擇）

——往复运动符号。

——右手象形符号。

二形合在一起，表示用手反复掂量、比划的状态会意描写；后分化为二个字：(1)译，指翻译、解释；(2)择，指选取、挑选。

奉[fèng]举[jǔ]

甲骨文  金文  小篆 

《**说文**》奉：承也。从手从廾，丰聲。扶隴切。

舉：对舉也。从手，與聲。居許切。

《**字典**》奉，金文是会意兼形声字，由表示双手的廾和表示所捧之物的丰两部分组成，丰兼表声；篆书廾下又加手作形符；后在楷书中写作奉。本义为承受、接受。

举，繁体写作舉，是形声字，手为形，與为声。

补正：——奉[fèng]举[jǔ]（舉）

——上下反复符号。

——双手象形描写。

二形合在一起，表示双手反复举起的动作（与到庙中进香的姿势相同）会意描写，后分化为二个字：(1)奉；(2)举。

8. 振动符号

弗[fú] 甲骨文  金文  小篆 

《**说文**》弗：撟也。从丿从乀，从韋省。分勿切。臣鉉等曰：韋所以束枉戾也。

《**字典**》甲骨文是象形字，状似用绳子把箭杆与矫直用的工具“箝”（为一竹条夹具）绑在一起，以使弯曲的箭杆变直。本义为矫直箭杆。

补正：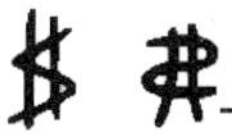——弗[fú]

其构形为一根棍子左右晃动的状态会意描写，本义指振动，引申指“拒绝、不、不要”。

9. 金字塔形符号或集体符号

王[wáng] 甲骨文  金文  小篆 

《**说文**》王：天下所歸往也。董仲舒曰：“古之造文者，三畫而連其中謂之王。三者，天、地、人也，而參通之者王也。”孔子曰：“一貫三爲王。”李陽冰曰：“中畫近上。王者，則天之義。”雨方切。

《**字典**》象形字，甲骨文和金文像刃部朝下的斧、钺。古代的君王是最高的统治者，他拥有土地、权力等天下所有的东西，所以后来，王由象征权力的斧钺变成了君王的代称。本义指“君也”，即天下归趋向往的对象。

补正：——王[wáng]

其构形由“”（金字塔形符号）上加指示符号构成，表示位于金字塔尖的人，即社会地位最高的人为“王”。

今[jīn]

甲骨文 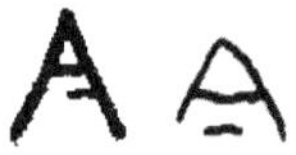 金文  小篆 

《**说文**》今：是時也。从亼从乛。乛，古文及。居音切。

《**字典**》形、义有多种说法：一说，甲骨文今字像门中含物之形，今是含是本字；一说在古文中，“今”是“日”的倒写，表示“不日”，就是“噤”的初文，其本义是闭口不言；一说在篆文中今是会意字，由“亼”和“及”的缩写“乛”上下结合组成，“亼”表示时间的连续，“乛”表示联系之义。

补正：——今[jīn]

其构形由“”（集体符号）下面加指示符号构成，表示目前现有的人数（没有出生或外出的人不算），引申指现在、当时。

合[hé]

甲骨文  金文  小篆 

《**说文**》合：合口也。从亼从口。候閤切。

《**字典**》会意字，上部的一撇、一捺、一横，表示三划会合在一起，读 jí，加上下部的口，表示闭合。

补正：——合[hé]

——集体符号。

——口，多种含义，这里指全部、整体。

二形合在一起，表示集中为一个整体；或盖子和器皿扣合。

令[lìng]命[mìng]　甲骨文　金文　小篆

《**说文**》令：發號也。从亼、卩。力正切。徐鍇曰：“號令者，集而爲之。卩，制也。”

命：使也。从口从令。眉病切。

《**字典**》令，在甲骨文和金文中，是会意字，上部是用来发号施令的木铎的铎身，下部是一个跪着的人，合起来表发布命令之义。

命，形声兼会意字。甲骨文的令和命是一个字，上面像木铎的铎身，下面是一个跪着在听候命令的人；金文增加一下“口”，表示用口下令。

补正：——令[lìng]命[mìng]

——集体符号。

——跪坐的人象形描写，这种姿势表示服从、文明、休息。

二形合在一起，表示个人对集体的归属和服从；后分化为二个字：(1)命，本义指个人对集体的归属，由出身的不可选择引申指无法左右的人生，即命运；(2)令，本义指个人对集体的服从，引申指规定、要求。

念[niàn]　甲骨文　金文　小篆

《**说文**》念：常思也。从心今聲。奴店切。

《**字典**》形声字，心为形，今为声。本义为长久想念。

补正：——念[niàn]

——集体符号。

——心脏象形符号。

二形合在一起，表示思想或情感集中，喻意全心全意。

不[bù]

甲骨文  金文  小篆 

《**说文**》不：鳥飛上翔不下來也。从一，一猶天也。象形。方久切。

《**字典**》甲骨文上面的一横表示地面，下面的须状曲线表示植物初生时向地下生长的根系。本义指植物的胚种。

补正：——不[bù]

——倒写的集体符号。

——表示分支的符号。

二形合在一起，表示一个集体分裂会意描写，引申指拒绝、否定，反映中国人对团结和集体主义的崇尚。

否[fǒu]丕[pī]

甲骨文  小篆 

《**说文**》否：不也。从口从不。方九切。

丕：大也。从一不聲。敷悲切。

《**字典**》否，会意兼形声字，上部的不字与下部的口字组合起来，表示以口说不的意思；不字还兼表音。本义为否定。

丕，形声字，一为形，不为声。本义为大。

补正：——否[fǒu]丕[pī]

——分散符号。

——口，多种含义，这里指完整、整体。

二形合在一起，后分化为二个字：(1)否，表示不承认、否定；(2)丕，表示部族分裂后支系发展壮大起来之意。

块根

帝[dì]

甲骨文  金文  小篆 

《**说文**》帝：諦也。王天下之號也。从丄朿聲。都計切。

《**字典**》象形字，状似花蒂。本义为天帝、上帝，是古人祭天时的对象。

补正：——帝[dì]

——不，分支符号。

——捆扎，固定的象形符号。

二形合在一起，表示由众多分支部族融合起来形成统一的民族和国家，国家的领袖称为帝。其构形与“”（帚，扫把的象形符号）相似。

啻[chì]商[dī]

甲骨文  金文  小篆 

《**说文**》啻：語時不啻也。从口帝聲。一曰啻，諟也。讀若鞮。施智切。

商：缺

《**字典**》啻，形声字，口为形，帝为声。常用作副词，放在表示疑问或否定的词后，表示仅、只的意思。

商，缺

补正：——啻[chì]商[dī]

——帝，这里表示统一、集中。

——口，多种含义，这里表示整体。

二形合在一起，后分化为二个字：(1)啻，表示“归类，总结”；(2)商，即滴，表示水汽慢慢凝聚成水珠的状态。

10. 雨伞象形符号

余[yú]伞[sǎn] 甲骨文  金文  小篆 

《说文》余：語之舒也。从八，舍省聲。以諸切。

伞：缺

《字典》余，余和餘本是两个字。余是象形字，甲骨文像以树枝撑房顶的房屋之形。余的本义为房屋。

伞，象形字，上面是撑开的伞面，下部是支架，合起来像一把打开的伞。本义指车盖，即古时支在车子上面用来遮挡雨雪和阳光的东西。

补正：——余[yú]伞[sǎn]（傘）

其构形为一把撑开的伞象形描写，后分化为二个字：(1)余，①第一人称代词，②因为雨伞天晴时不用，引申指多余；(2)伞。

叙[xù] 甲骨文  小篆 

《说文》叙：次弟也。从攴余聲。徐吕切。

《字典》形声字，甲骨文以又（手）为表，余为声。本义为排列出高下或先后的次第。

补正：——叙[xù]（敘）

——雨伞象形符号。

——左手象形符号。

二形合在一起，表示左手握住伞柄右手把伞撑开的状态会意描写，因为伞的辐条逐渐展开，因此“叙”的本义指顺序、次序，引申指有条理的陈述、记述。该字反映至少三千年前中国已经有了可以折叠的伞。

途[tú]

甲骨文 金文

《说文》缺

《字典》形声字，辶为形，余为声。本义为道路；古籍中常常假借塗或涂来表示途。

补正：——途[tú]

——雨伞象形符号。

——脚的象形符号。

二形合在一起，表示人撑着雨伞在路上行走的状态会意描写。因为回到家里雨伞就会收起来，途后指道路。

舍[shè]

金文 小篆

《说文》舍：市居曰舍。从亼、屮，象屋也。口象築也。始夜切。

《字典》会意字，由亼、屮和口上下组合而成，合起来表示客栈、客舍之义。

补正：——舍[shè]

——雨伞象形符号。

——口，这里指地方。

二形合在一起，表示临时居住的简易房子（见图），舍的字义有：(1)指房屋、旅馆；(2)放弃、舍弃；(3)给予、施舍。

11. 水桶象形符号

用[yòng] 甬[yǒng] 甲骨文  金文  小篆 

《说文》用：可施行也。从卜从中。衞宏説。余訟切。臣鉉等曰：卜中乃可用也。

甬：艸木華甬甬然也。从马用聲。余隴切。

《字典》用，象形字，甲骨文像桶的形状，桶最初写作用字，后桶字分化。用的本义为可以使用、施行。

甬，金文像有柄的钟；篆文中是形声字，马为形，用为声。本义指钟柄。

补正：——用[yòng]甬[yǒng]

其构形为水桶象形描写，后分化为二个字。

12. 两条河流交汇处象形符号

永[yǒng] 甲骨文 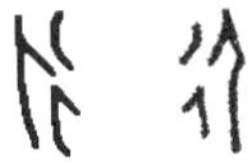 金文  小篆 

《说文》永：長也。象水巠理之長。《詩》曰："江之永矣。"于憬切。

《字典》会意字，古文像人在水中划行。本义指游泳，后借为"长"，指水流长。

补正：——永[yǒng]

其构形为两条河流的交汇处象形描写，早期人类一般都选择在这样的地方定居，永的本义指"长久"。

金文 永

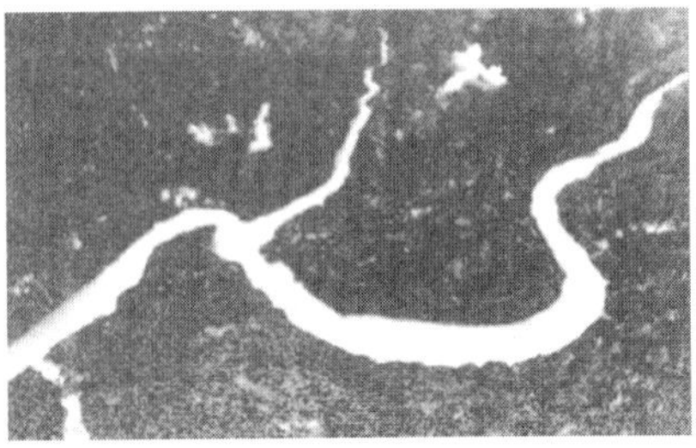

13. 舟或石碾象形符号

舟[zhōu] 甲骨文  金文  小篆 

《说文》舟：船也。古者，共鼓、貨狄，刳木爲舟，剡木爲楫，以濟不通。象形。職流切。

《字典》古文是象形字，像一只小船的样子。

补正：——舟[zhōu]

其构形为舟或石碾的象形符号。

前[qián] 甲骨文  金文  小篆 

《说文》前：不行而進謂之前。从止在舟上。昨先切。

《字典》会意字，古文是由止（足）和舟上下组合而成，表示人坐着船前行的意思。剪的最初字为前，古籍中借指前进。

补正：——前[qián]

——左脚象形符号。

——腰的象形符号，这里指石碾。

二形合在一起，表示位于石碾的前面，因为石碾是旋转的，故“前”与“后”是一个相对的位置。

般[bān]

甲骨文  金文  小篆 

《**说文**》般：辟也。象舟之旋，从舟。从殳，殳，所以旋也。北潘切。

《**字典**》在甲骨文中是会意字，由（盘字的初文）和支（表示轻击、刺的意思）组成；在古文中与舟相近，常常混淆，所以般又由舟和支构成；在篆文中，支又写作殳（shū，义与支同）。

补正：——般[bān]

——石碾象形符号。

——手持工具象形描写。

二形合在一起，表示石碾碾压农作物脱粒的过程会意描写；“般”的文字含义有：(1)回、还；(2)种类。

俞[yú]

甲骨文  金文 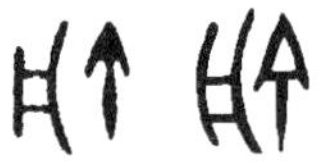 小篆 

《**说文**》俞：空中木爲舟也。从亼从舟从巜。巜，水也。羊朱切。

《**字典**》会意字，由亼（jí）和舟（月）和表示水的巜（刂，读作 kuài）会意。本义为用中空的树木制成船；也指挖凿而成的独木舟。

补正：——俞[yú]

——石碾象形符号。

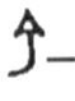——雨伞象形符号，表音兼表意。

——有限的平面象形符号。

三形合在一起，本义表示用石碾或石磨将粮食碾压成较细的颗粒（见图），引申指详细解说。

受[shòu] 甲骨文  金文 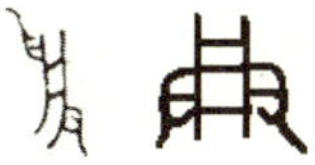 小篆 

《**说文**》受：相付也。从受，舟省聲。殖酉切。

《**字典**》甲骨文和金文是会意字，由上部的爪、中间的古文字中的盘和下部的又字三部分构成，合起来表示一方给予、一方接受之义。

补正：——受[shòu]

——石碾象形符号。

——两只不同的手象形描写，表示两个人。

二形合在一起，表示两个人之间进行交接的状态会意描写，也可以理解为接力比赛中交接棒的过程会意描写。受的本义指接收、收到。

盗[dào] 甲骨文  金文  小篆 

《**说文**》盗：私利物也。从次，次欲皿者。徒到切。

《**字典**》原为会意字，由次（xián）和皿两个字组合而成，次表示垂涎，皿代表器皿，合起来的意思是垂涎他人器皿中的物品，欲占为己有；后来氵变成冫，于是写作盗。本义为偷、偷窃。

补正：——盗[dào]

——双腿叉开站立的人象形描写。

——舟或石碾象形符号，这里表示集体财产。

二形合在一起，表示一个人对集体财产的强占行为。盗的本义指用不正当手段强行占有属于别人劳动成果的人或行为。

服[fú] 甲骨文 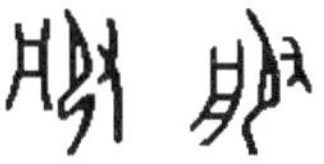 金文  小篆 

《**说文**》服：用也。一曰車右騑，所以舟旋。从舟𠬝聲。房六切。

《**字典**》会意字，甲骨文从人，从手，从凡（盘），会人持盘操办事务之意，由于形近，金文讹作舟，成了人操舟了。

补正：——服[fú]

——腰的象形符号，这里指枷锁。

——跪坐的人象形描写。

——右手象形符号。

三形合在一起，表示佩戴轻型枷锁的人象形描写，本义指制服、驯服，引申指：(1)使投降、服从，再引申指信服、佩服；(2)穿戴，引申指服装。

14. 屁股象形符号

坐[zuò] 甲骨文  金文  小篆 

《**说文**》坐：止也。从土，从畱省。土，所止也。此與畱同意。但臥切，當切：徂臥切。

（𠂤：小𠂤也。象形。都回切。臣鉉等曰：今俗作堆。）

《**字典**》古文字是会意字，由两个人字和土会意，指两个人面对面地坐在地上；篆文也是会意字，由土和留字省去田组成。

补正： ——坐[zuò]

其构形为屁股（𠂤，duī）的象形描写。

官[guān]

甲骨文 金文 小篆

《**说文**》官：史，事君也。从宀从𠂤。𠂤猶衆也。此與師同意。古丸切。

《**字典**》会意字，由宀（mián）和𠂤（duī）两部分组合而成；𠂤是堆的本字，指数量多；宀本指屋顶相连的深邃的大屋，在此表示覆盖的意思，两部分合起来指治理众人。本义指官吏、侍奉君王的人。

补正：——官[guān]

——房子象形符号。

——屁股象形符号。

二形合在一起，表示坐在房子中的人；在古代只有身份高的人可以坐着，而身份低的人则只能站着或采用跪坐的姿势。

归[guī]

甲骨文 金文 小篆

《**说文**》歸：女嫁也。从止，从婦省，𠂤聲。舉韋切。

《**字典**》形声字，繁体以止和帚作形符，以𠂤作声符，止表示行走，一说止在这里表示到达的意思。本义为女子出嫁。

补正：——归[guī]（歸）

——屁股象形符号。

——扫把象形符号，这里指家。

二形合在一起，本义表示一个人回到了家里，后指回到原处。

师[shī] 金文 小篆

《**说文**》師：二千五百人爲師。从帀从𠂤。𠂤，四帀，衆意也。疎夷切。

《**字典**》繁体写作師，是会意字，由表示众多之义的𠂤（duī）和表数目众多义的帀（zā）两个字组成。本义为古代军队的一种编制单位。

补正：——师[shī]（師）

——屁股象形符号。

——带毛状饰物的宽幅旗帜。

二形合在一起，本义指发布命令（掌管军旗）的军官，引申指：(1)教师；(2)军队建制，古代2500人为一师。

殿[diàn] 甲骨文 小篆

《**说文**》殿：擊聲也。从殳屍聲。堂練切。

《**字典**》形声字，殳为形，左半边为声。本义指敲击的声音。

补正：——殿[diàn]

——蹲着的人象形描写。

——屁股象形符号。

——勃起的男根象形符号。

三形合在一起，表示一个人（官员）挺直上身坐着办公的状态会意描写，后指皇帝坐朝的宫殿。

遣[qiǎn]

甲骨文 金文 小篆

《说文》遣：縱也。从辵䝿聲。去衍切。

《字典》形声字，辶（辵）为形，䝿（qiǎn）为声。本义为释放、打发。

补正：——遣[qiǎn]

——屁股象形符号。

——朝下的双手象形描写。

——口，这里表示区域、城池。

三形合在一起，表示向一个地区安排下派一个官员。《史记·项羽本纪》：“所以遣将守关者，备他盗之出入与非常也。”

追[zhuī]

甲骨文 金文 小篆

《说文》追：逐也。从辵𠂤聲。陟隹切。

《字典》形声字，甲骨文以止为形，𠂤（duī）为声；金文彳、止为形，合起来写作辵（chuò）；今以辶为形。

补正：——追[zhuī]

——屁股象形符号。

——辶，固定组合，表示步行。

二形合在一起，表示在屁股后面跟随、追赶。

15. 乳房象形符号

乃[nǎi]　　甲骨文　　金文　　小篆

《**说文**》乃：曳詞之難也。象气之出難。奴亥切。臣鉉等曰：今隸書作乃。

《**字典**》缺

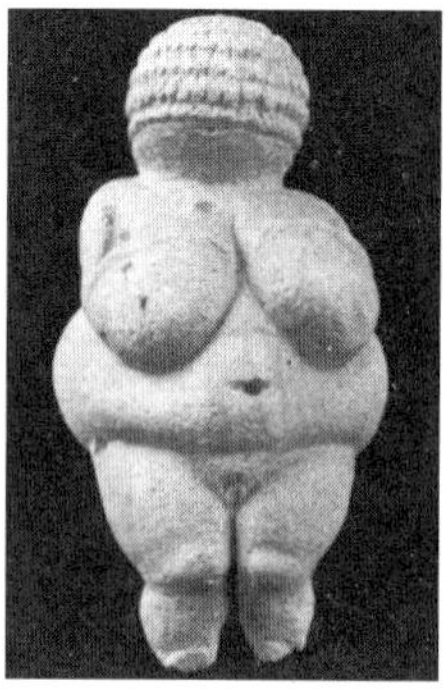

补正：——乃[nǎi]（迺）

其构形为乳房的象形描写，由哺乳关系及状态（小孩吃不到奶就会闹，吃到奶就会安静），引申指：(1)代词，你（们）的，他（们）的，这样的；（2）副词，于是，就，竟然。

秀[xiù]　　金文　　小篆

《**说文**》秀：上諱。漢光武帝名也。息救切。徐鍇曰："禾，實也。有實之象，下垂也。"

《**字典**》篆文是会意字，由禾和人上下组合而成，表示禾谷等开始长出子实。本义为谷类作物抽穗开花。

补正：——秀[xiù]

——禾，禾苗的象形描写。

——乃，乳房的象形描写。

二形合在一起，表示禾苗灌浆（叶子中有白色的汁液）时期青翠挺拔的样子，常用于形容人和物。

隽[jùn]　　甲骨文　　小篆

《说文》隽：肥肉也。从弓，所以射隹。長沙有下雋縣。徂沇切。

《字典》繁体写作雋，是会意字，由表示与鸟有关的隹和弓（横写）两部分组成，合起来表示用弓箭射鸟。

补正：——隽[jùn][juàn]（雋）

——煮奶的容器鬲的象形描写。

——鸟的象形符号。

二形合在一起，本义表示个体大而肥的鸡或鸭（古时通常作为祭祀的供品），隽的字义有：(1)鸟肉肥美，(2)引申指高大、才智出众的人，与“俊”含义相同，反映出商代文化的特征。

16. 有奶水的乳房象形符号

匠[yí]　　甲骨文　　金文　　小篆

《说文》匠：顄也。象形。與之切。

《字典》缺

补正：——匠[yí]

其构形为有奶水的乳房或丰满的乳房象形描写。

姬[jī] 甲骨文  金文  小篆 

《**说文**》姬：黄帝居姬水，以爲姓。从女𦣞聲。居之切。

《**字典**》形声字，女为形，𦣞（yí）为声；甲骨文或以“每”作形符。本义指上古时期就已有的一种姓氏。

补正：——姬[jī]

——有奶水的乳房象形描写。

——女人象形符号。

二形合在一起，本义表示大乳房或奶水充足的女人。姬姓，周朝王室的姓氏。

熙[xī] 甲骨文  金文  小篆 

《**说文**》熙：燥也。从火巸聲。許其切。

《**字典**》形声字，火为形，巸（yí）为声。本义为阳光曝晒使之干燥。

补正：——熙[xī]（熈）

——乳房象形符号。

——种子象形符号。

二形合在一起，表示煮奶时奶中形成的泡沫越来越多、膨胀升起的状态会意描写，引申指人多、拥挤的样子。

17. 躺倒的女人象形符号

尚[shàng] 甲骨文  金文 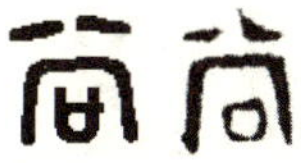 小篆 

《**说文**》尚：曾也。庶幾也。从八向聲。時亮切。

《**字典**》形声字，八为形，向为声，八表分之义。本义为增加，又指希冀；后引申为尊崇、注重。

补正：——尚[shàng][tǎng]

其构形为一个裸体躺倒的女人象形描写，尚的本义指因喜欢而主动追求。

18. 四肢着地的人象形符号

厥[jué] 甲骨文  金文  小篆 

《**说文**》厥：發石也。从厂欮聲。俱月切。

《**字典**》形声字，厂为形，欮（jué）为声。本义为发射石块。

补正：——厥[jué]

其构形为跪着磕头的人象形描写，肢体语言表示顺从、恭敬。

19. 腰的象形符号

凡[fán] 甲骨文 金文 小篆

《**说文**》凡：最括也。从二，二，偶也。从了，古文及。浮芝切。

《**字典**》篆文是会意字，由古文的及的省略写法和二的变形构成，及表示包括在内，二表示多数，合起来指概括在一起。本义指盘子。

补正：——凡[fán]（几）

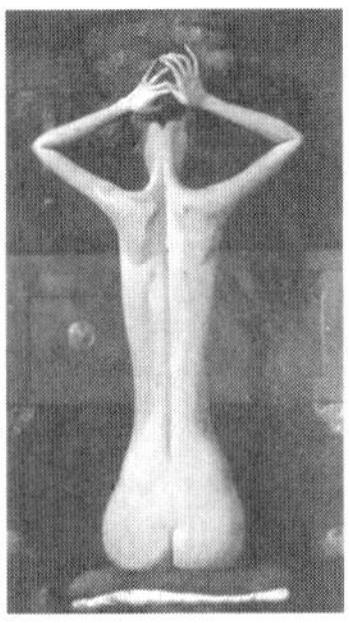

其构形为人体腰部的象形描写，故这个字的本义指“腰”，腰现为形声字；因为殷商人以胖为美，腰像桶状，故该符号在甲骨文中也表示石碾和鼓。后该符号形体演化为“凡”字，凡的字义为：(1)平凡、平常；(2)一切、凡是。

佩[pèi] 金文 小篆

《**说文**》佩：大帶佩也。从人从凡从巾。佩必有巾，巾謂之飾。蒲妹切。臣鉉等曰：今俗别作珮，非是。

《**字典**》在古文字中是会意字，由人、凡、巾三个字组合而成，人字表示佩为人所用，巾字表示佩的一部分是巾，凡字表示所有东西都可作为佩。本义指古人在衣带上系着的装饰品。

补正：——佩[pèi]

——侧立行走之人象形描写。

——腰的象形符号。

——巾，一块布的象形描写。

三形合在一起，本义表示系在腰部的宽带，因为古时特殊的腰带具有荣誉、官职等象征性含义，故佩的字义有“佩戴、敬佩、佩服”等意。

同[tóng]

甲骨文 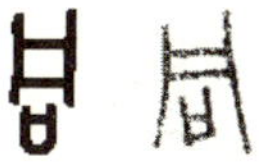 金文  小篆 

《说文》 同：合會也。从冃从口。徒紅切。臣鉉等曰：同，爵名也。李陽冰云：从口。非是。

《字典》 会意字，由冃（古文的凡字演变而来）和口组合而成，表示把众口都会合在一起。本义为聚集、会合。

补正： ——同[tóng]（仝）

——腰的象形符号，这里表示腰鼓。

——口，多种含义，这里表示整体。

二形合在一起，表示所有的腰鼓按一个节奏敲起来之意；其读音为鼓声的拟音，字义为“相同、同一”。因为殷商人以胖为美，故商代的鼓与现代的鼓型制相同，反映文化的连续性。

兴[xìng]

甲骨文  金文  小篆 

《说文》 興：起也。从舁从同。同力也。虛陵切。

《字典》 古文是会意字，甲骨文的兴字中间是器物；金文在下部加一个口，表示举重物时口中所发之声；篆文四只手合成一个舁（yú）字，表示共同举起；器物之形与口合成一个同字，表示同心协力；楷书写作興，今简化为兴。兴的本义为起、起来。

补正： ——兴[xìng]（興）

——腰的象形，这里指腰鼓。

——双手象形符号。

二形合在一起，表示众人一起打腰鼓。

青[qīng]

甲骨文  金文  小篆 

《**说文**》青：東方色也。木生火，从生、丹。丹青之信言象然。倉經切。

《**字典**》形声字，表示颜色的丹（后演变为月）为形，生（后演变为龶）为声。本义为蓝色或深绿色。

补正：——青[qīng]

——生，正在长高的植物象形描写。

——腰形符号。

二形合在一起，表示植物正在拔节长高，引申指绿色、年轻。

旁[páng]

甲骨文  金文  小篆 

《**说文**》旁：溥也。从二，闕；方聲。步光切。

《**字典**》缺

补正：——旁[páng]（㫄）

——腰的象形符号。

——方，北斗星符号。

二形合在一起，本义表示腰围，引申指主体以外的范围。

20. 腹部象形符号

丹[dān] 甲骨文 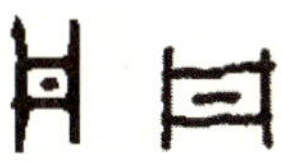 金文 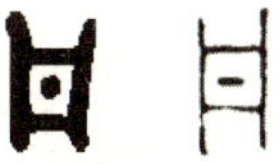 小篆 

《说文》丹：巴越之赤石也。象采丹井，一象丹形。都寒切。

《字典》指事字，甲骨文字形类似一口采丹井，一点表示丹药在井之中；一说是合体象形字，其字的外部像矿井析沙的工具，中间像丹沙。本义指用作颜料的朱砂。

补正：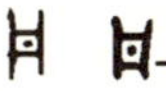——丹[dān]

其构形为腰部正面（其中一点为肚脐眼）象形描写，也表示鼓身为红色之意，故丹的字义有“小丸和红色”二个含义。大红色的鼓身是华夏民族特有的标志。

南[nán] 甲骨文  金文  小篆 

《说文》南：艸木至南方，有枝任也。从宋羊聲。那含切。

《字典》在篆文中是形声字，宋（pò）为形，羊（rěn）为声；草木在南方往往枝繁叶茂，故南字以宋作形符。本义是用作方位名，是东南西北四个主要方向之一，与北相对。

补正：——南[nán]

——茂盛的草象形符号。

——人体腰以上胸部的象形符号，其中的一点为肚脐眼。这里表示正面面对的方向，古人以面向南为基准确定其他方向。

二形合在一起，表示面向南方之意，因为草木最茂盛的季节是夏季，北斗星斗柄指向南方。

21. 男根象形符号

且[qiě] 甲骨文 金文 小篆

《**说文**》且：薦也。从几，足有二横，一其下地也。子余切，千也切。

《**字典**》象形字，甲骨文如同盛祭肉用的俎，二横是俎上的横。在古文中，俎表此义，因为古时祭祀先祖要置肉于俎，故且表示祖先的意思，后以“祖”表此意。

补正：——且[qiě]

其构形为男根象形。男根崇拜是一种世界性的古老的文化现象。甲骨文和金文中该符号都表示“祖”，代表早期人类对父系社会的理解和表达。“且”现在的字义有：1．连词，(1)由男根从正常到勃起状态，引申表示递进的“而且、况且”。(2)由男根正常和勃起两种状态，引申表示二选一的“抑或、还是”。(3)由男根从硬到软的变化，引申表示转折含义。如：“穷且益坚，不坠青云之志。”2．副词，表示“将要、将近”。

苴[jū] 甲骨文 小篆

《**说文**》苴：履中艸。从艸且聲。子余切。

《**字典**》形声字，艹为形，且为声；且兼表义，表示垫子。本义指草编的鞋垫。

补正：——苴[jū]

——四个草，表示草木茂盛。

——双手象形描写。

——男根象形符号。

三形合在一起，表示将草或麦秸秆堆成圆柱形的草垛，苴的本义指草垛，引申指用草编织、包裹等意。

惰[duò] 金文  小篆 

《**说文**》惰：不敬也。从心，𡐦省。《春秋傳》曰：“執玉憜。”徒果切。

《**字典**》古文写作媠；小篆写作憜，是会意字，由忄和𡐦（省略土，意思是轻慢、懈怠）两部分组成；一说惰是形声字，忄为形，隋（duò）为声。本义为不恭敬。

补正：——惰[duò]（憜）（见墙盘铭文）

——左手象形符号。

——男根象形符号，下面的一点表示小。

二形合在一起，表示男根疲软需要用手佐助才能立起来之意，喻意精神状态不饱满、松懈。

宜[yí] 甲骨文  金文  小篆 

《**说文**》宜：所安也。从宀之下，一之上，多省聲。魚羈切。

《**字典**》甲骨文、金文是会意字，如同几案上面放着肉的样子；古文写作宧，又写作宐；篆文是形声字，由门之下，一之上为形，表意，多省去一半为声。本义是指令人心安之处。

补正：——宜[yí]

——男根象形符号。

——两块肉的象形描写。

二形合在一起，表示男根勃起的状态会意描写，喻意人身体健康、精力旺盛，引申指好、合适、恰当。

22. 表示膨胀的象形符号

冉[rǎn]

《说文》冄：毛冄冄也。象形。而琰切。

《字典》古文是象形字，状似人面上的须髯的样子。冉是髯的本字，因此冉的本义是指面颊旁边的胡子。

补正：——冉[rǎn]（冄）

——男根象形描写。

——表示“进入”的象形符号。

二形合在一起，表示男根勃起的状态会意描写，冉有慢慢升起、壮大之意，通常形容太阳升起的样子。

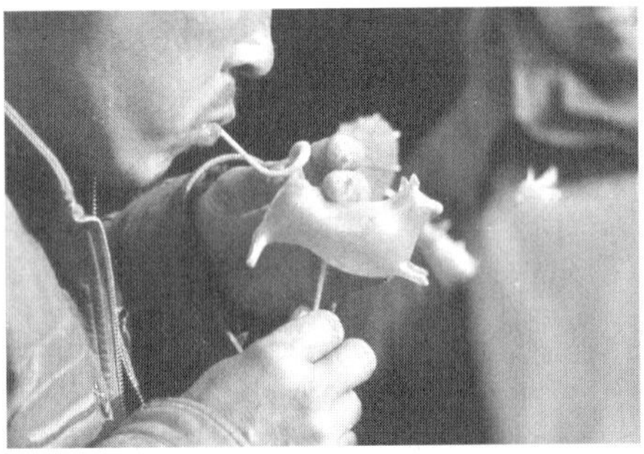

再[zài]

《说文》再：一舉而二也。从冓省。作代切。

《字典》缺

补正：——再[zài]

其构形由“”（冉）加“_”（指示符号）构成，表示男根的再次勃起，“再”的本义指第二次，《左传·庄公十年》：“一鼓作气，再而衰，三而竭。”

冓[gòu]

甲骨文　　金文　　小篆

《**说文**》冓：交積材也。象對交之形。古候切。

《**字典**》古文字是象形字，状似木材交搭在一起的样子。本义指交叉堆积的木材。

补正：——冓[gòu]

——“冉”的反方向，表示男根插入。

——冉，表示男根拔出。

二形合在一起，表示性交时男根抽动的状态会意描写，本义指性交，《诗经·鄘风·墙有茨》：“中冓之言，不可道也”。

展[zhǎn]

甲骨文　　金文　　小篆

《**说文**》展：轉也。从尸，襄省聲。知衍切。

《**字典**》篆文是形声字，尸为形，襄（zhàn）省略上面的一点一横后为声；隶书声符中的四个工变形，写作展。本义为翻转、转动。

补正：——展[zhǎn]

——蹲坐的人象形描写。

——勃起的男根象形描写。

二形合在一起，表示人将弯曲的身体挺直之意，引申指铺平、打开。

23. 哨箭象形符号

畀[bì] 甲骨文  金文  小篆 

《**说文**》畀：相付與之。約在閣上也。从丌由聲。必至切。

《**字典**》形声字，小篆字形以丌为形，由（fú）为声，楷书由变为田。

补正：——畀[bì]

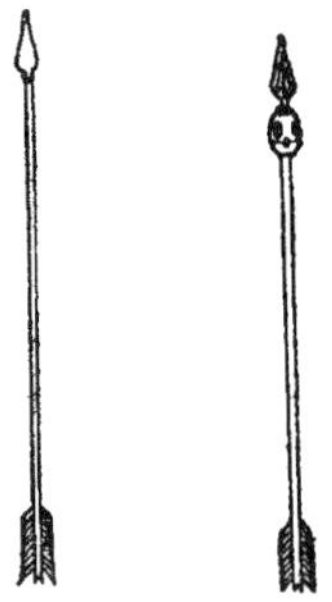

其构形为射出后可以发出声响的哨箭象形描写（见图：箭和哨箭），读音源自于哨箭声音的拟音。

24. 带缨的矛象形符号

尔[ěr] 金文  小篆 

《**说文**》爾：麗爾，猶靡麗也。从冂从㸚，其孔㸚，尒聲。此與爽同意。兒氏切。

《**字典**》繁体写作爾，一说是形声字，一说是象形字，下部像蚕丝缠绕在一起；也有人认为尔在篆文中写作尒，是会意字，由入、丨、八三部分组成，八表示语气分散，入兼表声。尔的古音是“如此”二字的合声，是表示肯定语气的助词。

补正：——尔[ěr]（爾）

其构形为带缨的矛象形描写，借指第二人称“你、你们”。

金文 尔

25. 桶箍象形符号

庸[yōng]

甲骨文  金文  小篆 

《**说文**》庸：用也。从用从庚。庚，更事也。《易》曰：“先庚三日。”余封切。

《**字典**》会意字，由用和庚组成。庸与用是同源字，庸的本义为施行。

补正：——庸[yōng]

其构形为木桶外起固定作用的“桶箍”象形描写，比喻指领导者、管理者；由领导者的管理能力引申指：(1)功劳、功勋；(2)平常、平庸。该符号在甲骨文中也表示有城墙、围墙保护的地方。

坏[huài]

金文  小篆 

《**说文**》壞：敗也。从土褢聲。下怪切。臣鉉等按：攴部有敷，此重出。

《**字典**》形声字，土为形，不为声。坏与其繁体壞本是两个不同的字；坏本读作 pī；壞本读作 huài，也是形声字，土为形，褱为声。在古文字中，壞字土旁在右，声符省略衣；在籀文中，壞又以攴作形符。后借坏为壞的简化字。坏（huài）的本义指房屋倒塌。

补正：——坏[huài]（壞）

——庸，桶箍象形符号。

——不，分散符号。

二形合在一起，表示桶箍坏了木桶散成了碎片，引申指不好、恶劣。

26. 龟甲象形符号

贞[zhēn] 甲骨文 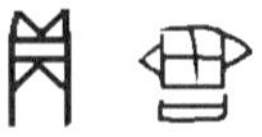 金文  小篆 

《**说文**》貞：卜問也。从卜，貝以爲贄。一曰鼎省聲。京房所説。陟盈切。

《**字典**》甲骨文似鼎形，以鼎假借为贞；金文加上卜，将卜问的含义加以强调，鼎兼表声，于是成为会意兼形声字；小篆中，鼎讹写作貝。本义为卜问、占卜。

补正：——贞[zhēn]（貞）

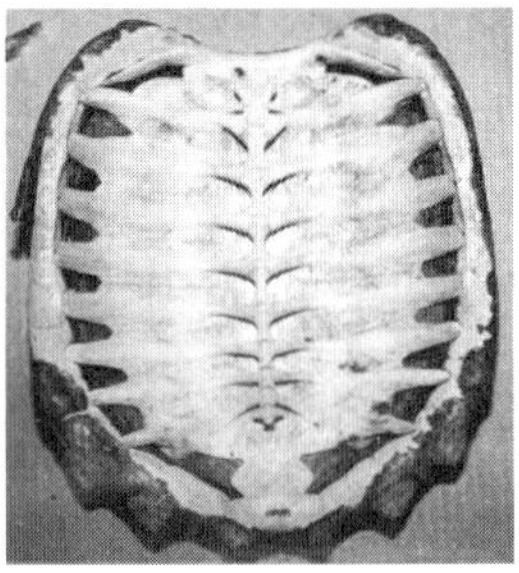

其构形为一个完整的龟甲象形描写，有多种含义：(1)占卜结果；(2)由龟甲质地坚硬引申指人意志坚定、有操守；(3)由龟甲质地洁白引申指纯洁。

27. 通气孔象形符号

良[liáng] 甲骨文  金文  小篆 

《**说文**》良：善也。从畐省，亡聲。吕張切。徐鍇曰：“良，甚也。故从畐。”

《**字典**》在甲骨文中像屋有廊庑之形，本义指回廊、走廊。

补正：——良[liáng]

其构形为房屋顶部的通气孔象形描写，读音与“亮”相同，引申指人头脑聪明、有德行，再引申指美好、良好。

28. 乐器钹的象形符号

岂[qǐ] 金文  小篆 

《说文》豈：還師振旅樂也。一曰欲也，登也。从豆，微省聲。墟喜切。

《字典》形声字，山为形，己为声；繁体写作豈，也是形声字。本义指军队凯旋时演奏的振奋乐曲，即还师振旅乐。读作 kǎi，这个意义又写作恺或凯。

补正：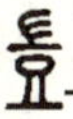——岂[qǐ][kǎi]（豈）

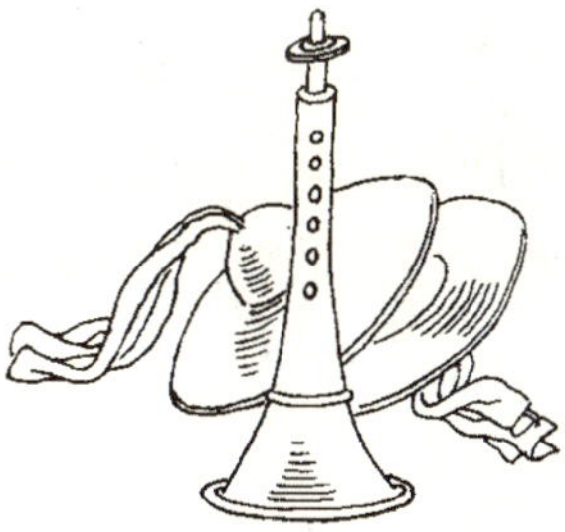

其构形为金属乐器“钹”的象形描写（推测该乐器是由青铜豆演化而来），古时通常在军队打胜仗以后使用，现与鼓配合用于节日喜庆活动，其发音被乐谱记为“起”音。现在的字义为表示猜度的“难道、还能、或许”。

29. 笼屉象形符号

畐[bì] 甲骨文 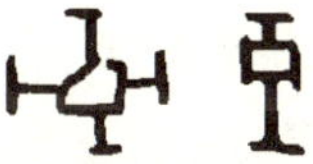 金文 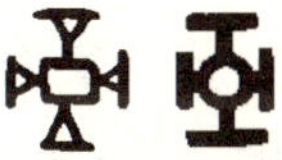 小篆 

《说文》畐：滿也。从高省，象高厚之形。讀若伏。芳逼切。

《字典》缺

补正：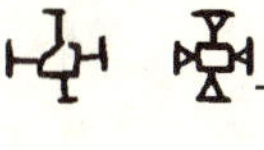——畐[bì]

其构形为蒸笼中的笼屉象形描写。

30. 包裹象形符号

东[dōng]

《说文》東：動也。从木。官溥説：从日在木中。得紅切。

《字典》会意字，繁体写作東，由日和木两个字组合而成，表示日尚在木中，即太阳刚刚升起，还处于东方。

补正：——东[dōng]（東）

这是一个两头扎紧的行李或包裹的象形描写；其读音与“动”相同，含有天亮了人们收拾行李准备动身出发之意。

曹[cáo]

《说文》曹：獄之兩曹也。在廷東。从棘，治事者；从曰。昨牢切。徐鍇曰：“以言詞治獄也。故从曰。”

《字典》甲骨文是形声兼会意字，由棘（cáo）和口两部分组成，棘兼表声；棘表示打官司时，在审案场所东边站着的诉讼双方，口表示辩论；棘后来省写作曹的上半部，下部的口则变为曰，口与曰都表示说的意思。本义指诉讼的双方；引申为成双成对，又引申为群、类、辈；作修饰语，指众多；由曹的群、类的意思引申指分科办事的官署和部门；曹又作为姓氏用字。

补正：——曹[cáo]

——表示多件行李。

——曰，目标符号。

二形合在一起，表示将物品归类打包。曹的字义有：(1)古代分科办事官府机构的名称。(2)成群、组、众。如：杜甫《曲江三章》：“哀鸿独叫求其曹”。

重[zhòng] 甲骨文  金文  小篆 

《**说文**》重：厚也。从壬東聲。柱用切。徐鍇曰：“壬者，人在土上，故爲厚也。”

《**字典**》该字的构形解释有不同说法。有人认为金文和篆文都是形声字，壬（tǐng）为形，東（东的繁体）为声；还有人认为金文是会意兼形声字，由人和東两部分组成，意指人背着东西站在地上，東兼表音。本义为厚重。

补正：——重[zhòng]

金文 重

——外出之人象形符号。

——东，捆扎好的行李象形符号。

二形合在一起，表示由两个人抬的包裹现在由一个人去搬运，喻意沉重。

31. 睡袋象形符号

西[xī] 甲骨文  金文  小篆 

《**说文**》西：鳥在巢上。象形。日在西方而鳥棲，故因以爲東西之西。先稽切。

《**字典**》甲骨文和金文是象形字，像鸟巢的样子；小篆正体在“鸟巢”之上又加上一曲笔，表示鸟在巢上之义。本义指鸟巢。

补正：——西[xī]

——袋子的象形描写。

——纺织或编制物的符号。

其构形为一个睡袋的象形描写，古人使用的被子与今天不同，呈睡袋状，这可以从长沙马王堆汉墓出土的实物得到验证；西指太阳落山的方向，其读音与“息”相同，含有天黑了人们停下来睡觉之意。

扰[rǎo] 金文  小篆 

《**说文**》擾：煩也。从手夒聲。而沼切。

《**字典**》原写作擾，是形声字，扌为形，憂（忧的繁体写法）为声。本义为人心中烦乱。

补正：——扰[rǎo]（擾）

——西，睡袋象形符号。

——突出双手和头部的人象形描写。

二形合在一起，表示一个本该睡觉的人重新把被子叠起来，意思为有事情干扰无法入睡。

迁[qiān] 金文  小篆 

《**说文**》遷：登也。从辵䙴聲。七然切。

《**字典**》古文写作拪，是形声字，扌为形，西为声；篆文写作迁，是形声兼会意字，辶为形，䙴（qiān）为声，兼表义。本义为向上升高移动。

补正：——迁[qiān]（遷）

其构形为把睡袋（被子）卷起来的状态象形描写，表示卷起铺盖卷连夜出发转移的意思。另一个“”（迁），表示两人（全家）抬着睡袋离开居住地之意。

要[yào]

金文  小篆 

《**说文**》要：身中也。象人要自臼之形。从臼，交省聲。於消切，於笑切。

《**字典**》会意字，篆文像一个人双手叉腰的样子。本义指身躯的中部，就是人的腰部，此义后写作腰。

补正：——要[yào]

——西，古时被子（睡袋）象形符号。

——女，女人象形符号。

二形合在一起，含义丰富。(1)需要、要求；(2)重要、主要。

甄[zhēn]

金文  小篆 

《**说文**》甄：匋也。从瓦垔聲。居延切。

《**字典**》形声字，瓦为形，垔（yīn）为声。本义为制作陶器。

补正：——甄[zhēn]

——房子象形符号，这里指陶窑。

——由“”（西）和“”（向上延伸符号）构成，表示制陶时拉坯造型。

——手持工具象形描写，这里表示制作。

三形合在一起，表示制陶时拉坯、整形、入窑烧制的全过程会意描写。(1)由陶器造型、烧制引申为造就、化育；《后汉书·班固传》：“孕虞育夏，甄殷陶周”；(2)由陶器烧成后检验合格品引申为识别，选拔。

32. 表示连续流出的象形符号

也[yě]匜[yí] 甲骨文  金文 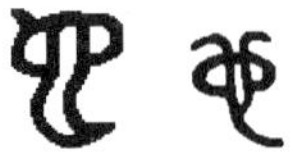 小篆 

《**说文**》也：女陰也。象形。羊者切。

匜：似羹魁，柄中有道，可以注水。从匚也聲。移尔切。

《**字典**》也，象形字，像古代用来洗手时盛水的器具。

匜，形声字，匚（fāng）为形，也为声。本义指古代用来盛水洗手的瓢形用具，形似汤勺，柄中有道槽，可用来灌注水。

补正：——也[yě]匜[yí]

其构形为水从壶嘴中连续流出时的状态象形描写；后分化为二个字：(1)副词，也，同样、一致；(2)匜，古代一种盛水的器物。

池[chí] 甲骨文  金文 

《**说文**》缺

《**字典**》形声字，氵为形，也为声。本义指积存水的大坑，转指护城河；后世指人工建造的水塘。

补正：——池[chí]

——河流象形符号。

——也，这里表示容器“匜”。

二形合在一起，表示小的蓄水设施，水池。

33. 拨浪鼓象形符号

市[shì] 甲骨文  金文  小篆 

《**说文**》市：買賣所之也。市有垣，从冂从乁，乁，古文及，象物相及也。之省聲。時止切。

《**字典**》金文是会意字，由止和兮两个字构成。本义指固定设置的集市。

补正：——市[shì]

其构形为拨浪鼓的象形描写，中国传统玩具，古时货郎用具，后借指交易买卖，引申指市场。

唐[táng] 甲骨文  金文  小篆 

《**说文**》唐：大言也。从口庚聲。徒郎切。

《**字典**》形声字，口为形，庚为声。唐的古文啺，也是形声字，口为形，昜为声。唐的本义指荒唐的言语，即大言。

补正：——唐[táng]

——拨浪鼓的象形描写。

——口，这里指市场或吆喝声。

二形合在一起，表示交易市场，其发音为拨浪鼓的拟音；唐的字义有：(1)用于地名或国名；(2)由买卖的吆喝声，引申指“大话、空话”。

续[xù]

甲骨文  金文  小篆 

《说文》 續：連也。从糸賣聲。似足切。

《字典》 繁体写作續，是形声字，纟为形，賣（yù）为声。本义为像丝一样连接不断。

补正： ——续[xù]（續）

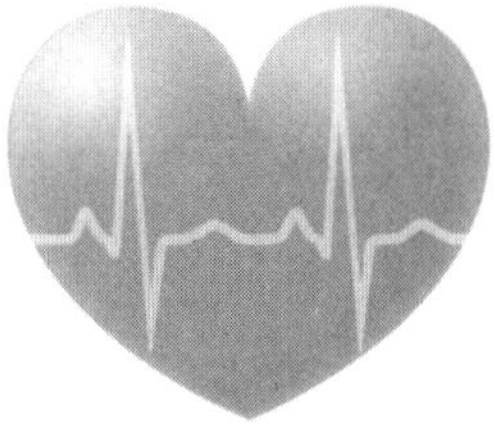

——拨浪鼓象形符号。

——心脏象形符号。

二形合在一起，本义指心跳，引申指“连续、不间断”。

补正六　其他常用会意字释源

艺[yì]　　甲骨文 

《**说文**》缺

《**字典**》形声字，艹为形，乙为声；甲骨文、金文像一个人双手捧着一棵树苗的样子；篆文左下是土，左上像种植的苗木，右为丮（jí），表示持握；楷书将丮混同丸，写作埶，后加艹写作蓺，又变作藝，简化写作艺。本义为种植。

补正：——艺[yì]（藝）

——纺车象形符号。

——突出双手跪坐之人象形描写。

二形合在一起，表示一手摇纺车、一手拉棉线用纺车纺线的人会意描写，因为将线纺得又细又匀是一门很难掌握的技术，故艺的本义指技术高超，引申指艺术。

专[zhuān]

甲骨文  金文  小篆 

《**说文**》專：六寸簿也。从寸叀聲。一曰專，紡專。職緣切。

《**字典**》甲骨文像一只手摇动纺锤，将丝盘绕在纺锤上；篆文成为形声字，寸为形，叀（zhuān）为声；楷书写作專。本义指收丝的纺锤。

补正：——专[zhuān]（專）

——纱锭象形符号。

——右手象形符号。

二形合在一起，表示将线缠绕在纺锤上的状态会意描写；由一个纱锭上一根线引申指“专心、独占、擅长”等。

惠[huì]

金文  小篆 

《**说文**》惠：仁也。从心从叀。胡桂切。徐鍇曰：“爲惠者，心專也。”

《**字典**》会意字，由心和表示专注且谨慎的叀（zhuān）两部分组成，合起来表示专心。本义为仁爱。

补正：——惠[huì]

——叀，纱锭象形符号。

——心脏象形符号，表示心理活动的情绪、情感、思考等。

二形合在一起，本义表示心思缜密、细致，引申指好、好处。

巠[jīng]　甲骨文　金文　小篆

《**说文**》巠：水脈也。从川在一下。一，地也。壬省聲。一曰水冥巠也。古靈切。

《**字典**》缺

补正：——巠[jīng]

其构形为织布时前后固定住的经线象形描写（见图：户县农民画·经布），本义为“经”。由经线决定布的长度、宽度，引申指：①规划、管理；②典范著作、宗教典籍；由织布时纬线穿过经线，引申指经过、经历。

玄[xuán]幺[yāo]　甲骨文　金文　小篆

《**说文**》玄：幽遠也。黑而有赤色者爲玄。象幽而入覆之也。胡涓切。

幺：小也。象子初生之形。於堯切。

《**字典**》玄，象形字，金文像丝形。本义是悬挂。

幺：甲骨文是象形字，像一束丝。本义指细丝，引申为幼、小，像婴儿刚生下来的样子。

补正：——玄[xuán]幺[yāo]（么）

其构形为一束线的象形描写，后分化为二个字：(1)玄，由一束线引申指脉络、推理；由线隐在布中，由不明晰引申指黑色，再引申指神秘；(2)幺，因为一束线是织布时的最小单位，引申指兄弟姐妹中排行最小。该符号在甲骨文中也表示缰绳和遗传繁殖之意。

继[jì]

甲骨文  小篆 

《**说文**》繼：續也。从糸、㡭。一曰反㡭爲繼。古詣切。

《**字典**》繁体写作繼，是会意字，由纟（mì）和㡭（jì）两部分组成；㡭是繼的古文，也是会意字，表示把两束丝分开断成四部分。

补正：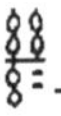——继[jì]（繼）

其构形为织布时将多束线头尾续接在一起的状态会意描写，其中的两个短横线代表更多之意，继的本义指“连续、不间断”。

湿[shī]

甲骨文  金文  小篆 

《**说文**》濕：水。出東郡東武陽，入海。从水㬎聲。桑欽云：出平原高唐。他合切。

《**字典**》繁体濕是形声字，氵为形，㬎（xiǎn）为声，本义为古水名，是古黄河下游的支流之一，读作 tà。湿的异体字溼也是形声字，以氵、一、土三部分为形符，㬎省略日和灬为声符，合起来表示土旁有水，上面又有覆盖物，不见阳光且不通风，自然会潮湿。湿的本义指因地势低下幽暗而湿，引申为沾湿。

补正：——湿[shī]（濕）

——这里表示漂洗的线。

——矢，表音。

形声字，湿的本义指水分多、潮湿。

幻[huàn]

甲骨文  金文  小篆 

《说文》 幻：相詐惑也。从反予。《周書》曰："無或譸張爲幻。"胡辧切。

《字典》 金文和篆文都是予字倒过来写的形状，表示将我给予你变为你给予我，因颠倒了给予的方向，于是出现幻化。

补正： ——幻[huàn]

其构形由""（丝线）和""（虫的象形符号）合体构成，表示蚕吐丝结茧后蚕蛹在茧中形体发生改变的状态会意描写，引申指变化、不真实。《列子·周穆王》："因形移易者，谓之化，谓之幻。"

予[yǔ]

金文  小篆 

《说文》 予：推予也。象相予之形。余吕切。

《字典》 会意字，甲骨文中像用手将东西推给别人。本义为给予。

补正： ——予[yǔ]

其构形为幻的反向结构，表示蚕正在吐丝作茧，由吐丝引申指"给予"。

畜[chù]

甲骨文 金文 小篆

《**说文**》畜：田畜也。《淮南子》曰：“玄田爲畜。”丑六切。

《**字典**》会意字，由表示一束丝的玄和田组成，表示把田猎中捕获的野兽用绳索套起来，使之成为家畜。

补正：——畜[chù]

——玄，这里指繁殖和小动物。

——筐子或围栏的象形描写。

二形合在一起，表示围栏中饲养的小动物，后专指经过驯化失去野性的动物。

胤[yìn]

甲骨文 金文 小篆

《**说文**》胤：子孫相承續也。从肉；从八，象其長也；从幺，象重累也。羊晉切。

《**字典**》会意字，由八、幺和月（肉）三部分组合而成，表示直系的后代。本义为子孙相承续。

补正：——胤[yìn]

——表示许多束丝。

——侧立之人象形描写。

二形合在一起，表示按父系计算的繁殖，引申指直系后代。

累[lěi]　金文　小篆

《**说文**》纍：綴得理也。一曰大索也。从糸畾聲。力追切。

（絫：增也。从厽从糸。絫，十黍之重也。力軌切。）

《**字典**》在小篆中写作絫，是会意兼形声字，由厽（lěi）和糸两部分组成，厽表示用铁锹挖出土块堆叠成墙，糸表示积细丝可成绸缎。

补正：——累[lěi]（纍）

——双手将绳子打结会意描写。

——农田象形符号。

——捆好的包裹象形描写。

三形合在一起，表示收割庄稼时边收割边打捆的劳动状态会意描写，累的字义有：(1)堆积、积累；(2)连续、多次；(3)劳累。

素[sù]　甲骨文　金文　小篆

《**说文**》素：白緻繒也。从糸、𠂹，取其澤也。桑故切。

《**字典**》小篆是会意字，由𠂹和系两部分上下组合而成，𠂹即垂字，表示细白光泽的丝织品。本义指未经加工的细密的本色丝织品。

补正：——素[sù]

——麦子象形符号。

——固定符号。

——系，捆绑之意。

三形合在一起，表示用麦杆搓制的草绳，引申指未经染色的纺织品，再引申指没有肉的饭菜。

兹[zī]丝[sī]

甲骨文　金文　小篆

《**说文**》兹：黑也。从二玄。《春秋傳》曰："何故使吾水兹？"子之切。

絲：蚕所吐也。从二糸。息兹切。

《**字典**》兹，与异体茲本来是不同的两个字。对于兹的古字说法有两种。有人认为，在篆文中兹写作兹，是会意字，由两个玄字左右并列组成，合起来表示很黑。后二玄的上部两横连通，写作兹。还有人认为，兹的古字不是兹，而是茲。在篆文中茲是形声字，艹为形，兹省略上部为声。有的认为以二个糸左右组成省略下部为声。兹的本义指草木繁茂。

丝，甲骨文和金文像两束扎缚起来的丝的形状；篆文由两个糸（mì）字组合而成。本义指蚕吐出的细线一样的东西。

补正：——兹[zī]（茲）丝[sī]（絲）

其构形为两束线的象形描写，后分化为二个字：(1)兹，表示已经有了很多束线可以开始织布了，引申指现在、准备开始；(2)丝，指细线。

幽[yōu]

甲骨文　金文　小篆

《**说文**》幽：隱也。从山中幺幺，幺幺亦聲。於虯切。

《**字典**》会意字，甲骨文中的幽由幺幺（yōu）和火会意，表示在火的照射下，原来隐蔽的事物显现。

补正：——幽[yōu]

——两束线象形描写，这里指时间长。

——火焰象形符号。

二形合在一起，表示火苗很小或燃烧了很长时间以后未完全熄灭的灰烬，故有暗和黑之意。

联[lián]

甲骨文 金文 小篆

《说文》聯：連也。从耳，耳連於頰也；从絲，絲連不絕也。力延切。

《字典》繁体写作聯，是会意字，由耳和表示丝缕连接不绝两部分组成。

补正：——联[lián]（聯）

——手掌朝下的手象形描写。

——两股线合成一股的状态会意描写。

二形合在一起，表示把两股线合成一股，本义指并联，引申指联系、联合。

率[shuài]

甲骨文 金文 小篆

《说文》率：捕鳥畢也。象絲罔，上下其竿柄也。所律切。

《字典》小篆是象形字，中间像丝织的网，上部和下部像丝网的柄和杆。率的本义是捕鸟的网；一说甲骨文和金文是象形字，中间像绳索，上、下部像绞绳的工具，周围的小点表示余下的细绳头。整个字形像多股细绳绞束在一起，故而本义指粗大的绳索。

补正：——率[shuài][lǜ]

——丝线象形描写。

——水流象形描写。

二形合在一起，本义表示将线染色。因为线纺好以后还要经过染色、上浆、干燥等工序，待线稳定、平顺以后再用于织布。率的文字含义有：(1)引领；(2)统帅；(3)全部、一律、大致；(4)沿着、顺着等都是由“染色”过程引申而来。

蛮[mán] 甲骨文 小篆

《**说文**》蠻：南蠻，蛇穜。从虫䜌聲。莫還切。

《**字典**》蛮的繁体写作蠻，是形声字，虫为形，䜌（luán）为声。

补正：——蛮[mán]（蠻）

——言，表示说话。

——两束线的象形描写。

二形合在一起，表示说话快而连贯使人听不清楚说什么，由于汉语一字一音，故蛮的本义指与汉语发音不同的方言，引申指不讲理、胡来。蛮，古代中原地区的人对南方少数民族的称谓。

变[biàn] 金文 小篆

《**说文**》變：更也。从攴䜌聲。祕戀切。

《**字典**》繁体写作變，是形声字，攵（攴）为形，䜌（luán）为声；后䜌简化亦，攵变为又。本义为改变、变化。

补正：——变[biàn]（變）

——蛮，指与汉语发音不同的语言。

——手持戒尺象形描写。

二形合在一起，本义表示校正语言发音，引申指“变化、改变”。

孪[luán]

金文 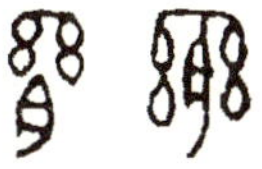 小篆 

《**说文**》孿：一乳两子也。从子䜌聲。吕患切。

《**字典**》繁体写作孿，是形声字，子为形，䜌（luán）为声。本义为双生。

补正：[glyph]——孪[luán]（孿）

[glyph]——二束连起来的线象形描写。

[glyph]——肉的象形符号，这里指刚出生的小动物。

二形合在一起，表示双胞胎或一次多胎生育之意。

敝[bì]

甲骨文 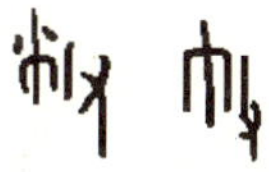 金文  小篆 

《**说文**》敝：帗也。一曰敗衣。从攴从㡀，㡀亦聲。毗祭切。

《**字典**》形声字，攵（攴，pū）为形，㡀（bì）为声；敝又是会意字，由㡀、攴两字组合而成。本义为破旧、破烂等。

补正：[glyph]——敝[bì]

[glyph]——表示小布条、补丁。

[glyph]——手持棍子象形描写，这里指手拿针。

二形合在一起，表示缝补衣服，引申表示“破旧、破败”。

繁[fán]

甲骨文 　金文 

《**说文**》缺

《**字典**》金文和篆文正体写作緐，是形声字，系为形，每为声；一说是会意字，由像女人头上用于束发兼装饰的“每”和代表丝绒的“系”左右组合而成，表示用丝线作装饰，后俗体加攵写作繁。本义指马的鬣毛上装饰的丝带。

补正：——繁[fán]（緐）

——染色的线。

——女人象形符号。

二形合在一起，本义表示母系繁殖，引申指多。

雍[yōng]

甲骨文 　小篆 

《**说文**》雍：雝鰈也。从隹邕聲。於容切。

《**字典**》篆文写作雝。是形声字，隹为形，邕为声。雍的本义指“雝鰈（qú）也”，即水鸟的一种。

补正：——雍[yōng]

——鸟的象形描写。

——口，多种含义，这里指地方。

二形合在一起，本义表示鸟群集中生育繁殖之地，该字构形与甲骨文“”（邑）相似，由鸟的生活习性引申指人口稠密且能和睦相处的地方和风气；(1)雍城；(2)举止文明，文雅。在甲骨文中“雍”和“售”是同一个字，区别只在于符号“口”的具体含义，售指放在笼子里准备出售的鸡鸭。

袭[xí]

金文  小篆 

《说文》襲：左衽袍。从衣，龖省聲。似入切。

《字典》繁体写作襲，是形声字，衣为形，龖（dá）省略一龍作为声符。本义指罩衣；转指给死者穿的衣襟开在左边的内衣。

补正：——袭[xí]（襲）

——两个龙的象形符号。

——衣服象形符号。

二形合在一起，有二层含义：(1)表示蛇皮上的花纹和伪装色，由蛇隐蔽和出其不意的攻击引申指偷袭、袭击；(2)因为小蛇一出生就具有和大蛇一样的花纹，故袭也表示天然继承的含义，指世袭。

劳[láo]

金文  小篆 

《说文》勞：劇也。从力，熒省。熒，火燒冂，用力者勞。鲁刀切。

《字典》繁体写作勞，是会意字，合起来表示时已入夜，但仍点燃灯火和篝火继续劳作。

补正：——劳[láo]（勞）

——两个出汗的人象形描写，表示加班或连续工作。

——衣服象形符号。

二形合在一起，表示人把衣服脱掉干活的状态会意描写，本义指出力干活，引申指麻烦、费力。

麦[mài]

甲骨文  金文  小篆 

《说文》麥：芒穀，秋穜厚薶，故謂之麥。麥，金也。金王而生，火王而死。从來，有穗者；从夊。莫獲切。臣鉉等曰：夊，足也。周受瑞麥來麰，如行來。故从夊。

《字典》繁体写作麥，是会意字，夊像颠倒的止字，和止（脚）同义，表示麦子种下后用脚压实。本义是指一种粮食作物。

补正：——麦[mài]（麥）

——成熟的农作物象形描写。

——返回的脚象形描写。

二形合在一起，表示麦子是一个外来物种。这与麦子是由大雁飞过时从它嘴里掉下来的传说相吻合。

历[lì]

甲骨文  金文  小篆 

《说文》歷：過也。从止厤聲。郎擊切。

《字典》繁体写作歷，也写作曆；歷字在甲骨文中上“秝”下“止”，表示有所经历，又写作上“林”下“止”。本义为空间的经过。

补正：——历[lì]（歷）

——两个禾的象形描写。

——脚的象形符号。

二形合在一起，本义指农作物生长的时间和过程，后引申指：(1)经过、经历；(2)逐一、普遍；(3)天文、历法。

裁[cái]

甲骨文　小篆

《说文》裁：制衣也。从衣𢦏聲。昨哉切。

（𢦏：傷也。从戈才聲。祖才切。）

《字典》形声字，衣为形，𢦏（zāi）为声。本义为裁制衣服，引申为衡量、判断、支配、控制、删减以及自杀等意思。

补正：——裁[cái]

——禾的上半部分象形描写。

——戈，形似镰刀的兵器象形描写。

二形合在一起，表示用镰刀割取庄稼的果实部分，裁的本义指割断并留下有用的部分。

啬[sè]

甲骨文　金文　小篆

《说文》嗇：愛濇也。从來从㐭。來者，㐭而藏之。故田夫謂之嗇夫。所力切。

《字典》古文字是会意字，由“秝”及“田”两部分上下组合而成，意思是谷物在田里已成熟，可以收割了；又写作上“來”下“㐭”，表示收藏谷物。本义为收获谷物。

补正：——啬[sè]（嗇）

——被割去麦穗的麦子象形描写。

——粮囤象形描写。

二形合在一起，表示将麦秸杆堆成仓廪形的麦草垛；由对麦秸杆的保存引申指爱惜、珍惜，但过度节约则指吝啬。

量[liáng]

甲骨文 金文 小篆

《**说文**》量：稱輕重也。从重省，曏省聲。吕張切。

《**字典**》在篆文中是形声字，重（省略上部的一撇一竖）作形符，表示量字与重量有一定关系，曏（省略鄉）为声。本义为称轻重。

补正：——量[liáng]

——目标符号，这里指标准。

——由“”（捆扎好的行李）和“”（固定符号）合体构成，表示统一制式包裹。

二形合在一起，表示标准袋（见图），引申指用标准去测量、衡量。

朋[péng]

甲骨文 金文

《**说文**》缺

《**字典**》在甲骨文和金文中的字形，状似两串玉或贝连在一起。古代以玉或贝做货币，因此朋字的本义指货币。

补正： ——朋[péng]

其构形为将同类物品穿成一串串的状态象形描写（见图：户县农民画·穿辣子），引申指：(1)同类、朋友；(2)成群、结伴；(3)古代货币单位。

屠[tú]

甲骨文  金文  小篆 

《**说文**》屠：刳也。从尸者聲。同都切。

《**字典**》形声字，尸为形，者为声。屠的本义指刳（kū），宰杀牲畜，即剖、剥。

补正：——屠[tú]

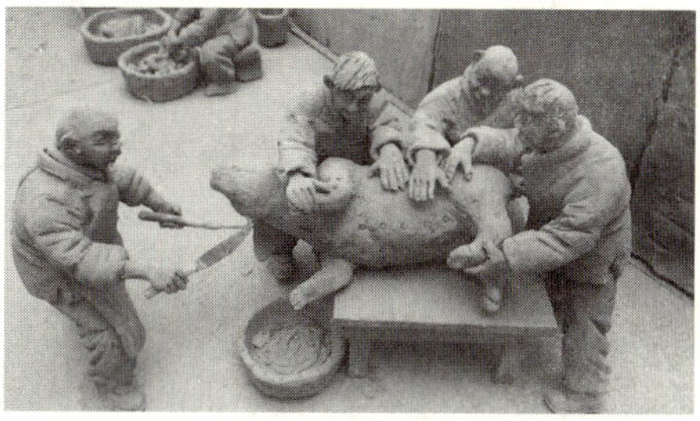

——猪的象形描写。

——刀的象形符号。

二形合在一起，本义表示杀猪，引申指杀害。

剖[pōu]

甲骨文  金文  小篆 

《**说文**》剖：判也。从刀音聲。浦后切。

《**字典**》形声字，刂为形，音（pǒu）为声。本义为从中间将物体分开。

补正：——剖[pōu]

——被开膛破肚的动物（龟）象形描写。

——刀的象形符号。

二形合在一起，表示用刀将动物开膛破肚取出内脏的状态会意描写（见图：汉画像石·庖厨图）。

戮[lù]

金文  小篆 

《**说文**》戮：殺也。从戈翏聲。力六切。

（翏：高飛也。从羽从㐱。力救切。）

《**字典**》形声字，戈为形，翏（liù）为声。本义为杀。

补正：——戮[lù]

——鸟将全身羽毛蓬松开来或抖动的状态会意描写。

——戈，古代像镰刀的兵器。

二形合在一起，表示杀鸡时鸡临死前挣扎的状态会意描写，也可以看作杀鸡后的拔毛过程，戮的本义指宰杀。

列[liè]

金文  小篆 

《**说文**》列：分解也。从刀𣦼聲。良薛切。

《**字典**》篆文是形声字，刂为形，𣦼（liè）为声，今写作列。本义为分解、分割。

补正：——列[liè]

——表示排列或次序。

——肉的象形符号。

——刀的象形符号。

三形合在一起，表示用刀将肉切成一片一片的状态会意描写，列的字义有：(1)分割；(2)罗列、排位；(3)顺序、位次。

虚[xū]

甲骨文　　小篆

《**说文**》虚：大丘也。崐崘丘謂之崐崘虚。古者九夫爲井，四井爲邑，四邑爲丘。丘謂之虚。从丘虍聲。丘如切，朽居切。臣鉉等曰：今俗别作墟，非是。

《**字典**》篆文是形声字，丘为形，虍（hū）为声。本义指大的山丘。

补正：——虚[xū]

——虎头象形符号，表示凶猛。

——血，表音兼表意。

二形合在一起，表示老虎流了很多血或发抖的状态会意描写，虚的本义指体力不支，引申泛指不足、虚弱。

然[rán]

甲骨文　　金文　　小篆

《**说文**》然：燒也。从火肰聲。如延切。臣鉉等曰：今俗别作燃，蓋後人增加。

《**字典**》形声字，灬（火）为形，肰（rán）为声。本义为烧。

补正：——然[rán]

——肉的象形符号。

——火的象形符号。

——犬的象形符号。

三形合在一起，表示人吃熟肉，狗吃生肉这是自然而然的事情，然的本义指就是这样。

亡[wáng]

甲骨文 小篆

《**说文**》亡：逃也。从入从乚。武方切。

《**字典**》篆文写作亾，是会意字，由人（后演变为亠）和乚（yǐn）组合而成，表示一个人躲藏在弯曲隐蔽之处。本义为逃跑、躲藏。

补正：——亡[wáng]（亾）

其构形表示带倒刺的鱼钩或鱼咬钩之意，因为鱼咬钩以后有两种可能：一是鱼被钓上来，故亡有“死亡”之意；二是鱼挣脱，故亡也有“逃亡”之意。

荒[huāng]

金文 小篆

《**说文**》荒：蕪也。从艸㠩聲。一曰艸淹地也。呼光切。

《**字典**》形声字，艹为形，㠩（huāng）为声。

补正：——荒[huāng]

——沼泽地会意描写。

——亡，这里指危险。

二形合在一起，本义表示不适合人类居住的沼泽地，由废弃引申指放纵、享乐过度、灾年等。

廌[xiè]

金文  小篆 

《**说文**》廌：解廌，獸也，似山牛，一角。古者决訟，令觸不直。象形，从豸省。宅買切。

《**字典**》缺

补正：——廌[xiè]

其构形为非洲角马的象形描写，该符号表示一大群角马（牛羚）。

荐[jiàn]

甲骨文  金文  小篆 

《**说文**》薦：獸之所食艸。从廌从艸。古者神人以廌遺黄帝。帝曰："何食？何處？"曰："食薦；夏處水澤，冬處松柏。"作甸切。

《**字典**》形声字，艹为形，存为声。荐与薦原是两个字，薦是会意字，由艹和表示传说中的神兽的廌两部分组合而成，廌读作 zhì，神兽吃的草就是薦。本义指兽畜所食的草。

补正：——荐[jiàn]（薦）

——四个草，表示草木茂盛。

——角马群的象形描写。

二形合在一起，表示迁徙的角马群来到了草木茂盛的大草原；因为成群的大型动物到来（也会很快离去）意味着捕猎机会和丰盛的食物，在古人眼里这是上天的恩赐，因此，荐的文字含义有：(1)草和祭品；(2)推举、举荐；(3)进献祭品、祭祀。

猎[liè]

甲骨文  金文  小篆 

《说文》獵：放獵逐禽也。从犬巤聲。良涉切。

《字典》猎与其繁体獵本来是两个不同的字；猎原读作 xī，是传说中一种与熊相似的野兽；獵读作 liè，是形声字，犭为形，巤（liè）为声。獵的本义为打猎。

补正：——猎[liè]（獵）

——树干象形描写，这里指长棍子。

——狗的象形符号。

二形合在一起，表示用狗去追获动物的打猎方法（见图：汉画像石·狩猎图）。

献[xiàn]

甲骨文  金文 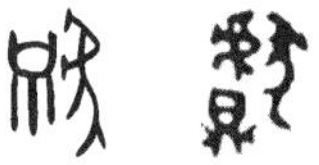 小篆 

《说文》獻：宗廟犬名羹獻。犬肥者以獻之。从犬鬳聲。許建切。

《字典》篆文是形声字，犬为形，鬳（yǎn）为声。本义指祭祀时以犬作为供奉的祭品。

补正：——献[xiàn]（獻）

——已经死了的动物（四肢松弛）象形描写。

——狗的象形符号。

二形合在一起，表示狗用嘴叼着捕获的猎物交给主人的状态会意描写，引申指给予、奉献。

厌[yàn]

金文 小篆

《**说文**》厭：笮也。从厂猒聲。一曰合也。於輒切，一琰切。

《**字典**》形声字。繁体写作厭，也是形声字，厂（hǎn）为形，猒（yàn）为声。本义为镇压、压迫，后来用“壓”（压）来表示此义。

补正：——厌[yàn]（厭）

——狗的象形符号。

——口，这里表示嘴巴。

——肉的象形符号。

三形合在一起，表示狗嘴里叼了一块肉或咬家养小动物的状态会意描写，有二层含义：(1)吃饱、满足（从狗的角度讲）；(2)让人生气、讨厌（从人的角度讲）。该字现常用后一种含义。

驳[bó]

甲骨文 金文 小篆

《**说文**》駁：馬色不純。从馬爻聲。北角切。臣鉉等曰：爻非聲，疑象駁文。

《**字典**》形声字，马为形，爻为声；一说会意字，由马和爻两部分组成，爻表示马的毛色杂。

补正：——驳[bó]（駁）

——马的象形符号。

——爻，这里指剪刀反复开合。

二形合在一起，表示马跳起用后腿连续踢的动作会意描写，引申指：(1)不同意、反对、驳斥；(2)杂乱。

为[wéi]

甲骨文  金文  小篆 

《说文》爲：母猴也。其爲禽好爪。爪，母猴象也。下腹爲母猴形。王育曰：“爪，象形也。”薳支切。

《字典》会意字，甲骨文和金文像人手牵象，意思是用象来协助人劳作。本义为作、做。

补正：——为[wéi]（爲）

——大象的象形描写。

——手的象形符号，表示灵活、完成二形合在一起，本义表示象的鼻子很灵活可以像手一样做事，引申指：(1)变成、成为；(2)做、做为；(3)叫做、称为；(4)当作、认为。

冤[yuān]

甲骨文  金文  小篆 

《说文》冤：屈也。从兔从冂。兔在冂下，不得走，益屈折也。於袁切。

《字典》会意字，是由冖（mì）和兔会意，表示兔子在覆罩下屈折不伸，无法跑掉。本义为屈缩，不能伸展。

补正：——冤[yuān]（寃）

——兔子象形符号。

——原，泉眼象形描写，表音。

形声字，冤的本义指无过错而受惩罚。

狈[bèi]

金文 

《**说文**》缺

《**字典**》形声字，犭为形，贝为声。

补正：——狈[bèi]（狈）

——狗的象形符号。

——贝的象形符号，表音兼表意。

二形合在一起，表示狗夹起尾巴的状态会意描写，喻意胆小示弱。成语“狼狈为奸”，形容胆小的跟着胆大的一起干坏事。

狄[dí]

金文  小篆 

《**说文**》狄：赤狄，本犬種。狄之爲言淫辟也。从犬，亦省聲。徒歷切。

《**字典**》形声字，犭为形，亦（省亠）为声；一说为会意字，由犬和火组成。

补正：——狄[dí]

——狗的象形符号。

——火焰象形符号。

二形合在一起，本义表示一种性情暴烈的狗，古代中原地区对北方地区少数民族的称谓。

观[guān]

甲骨文 金文 小篆

《**说文**》觀：諦視也。从見雚聲。古玩切。

《**字典**》形声字，古文字以雚为声符，形符状似窗户，表示明亮的意思；繁体写作觀，见为形，雚为声。本义为有目的地仔细察看，又指有目的地向别人显示。

补正：——观[guān]（觀）

其构形为猫头鹰在出击前不停的转换角度观察猎物时的状态会意描写。

离[lí]

甲骨文 小篆

《**说文**》離：黄倉庚也。鳴則蠶生。从隹离聲。吕支切。

《**字典**》在小篆中写作離，是形声字，隹为形，离为声。本用来组成離黄一词，指仓庚鸟。

补正：——离[lí]（離）

——一只飞起来的鸟象形描写。

——长柄网象形描写。

二形合在一起，表示人用长柄网捕鸟。因为鸟很机警，人还没到鸟就飞走了，(1)用为动词，表示离开、离去；(2)用为名词，表示距离。

雁[yàn]　　甲骨文　　金文　　小篆

《说文》雁：鳥也。从隹从人，厂聲。讀若鴈。五晏切。臣鉉等曰：雁，知時鳥。大夫以爲摯，昏禮用之。故从人。

《字典》缺

补正：——雁[yàn]

——返回之人象形描写。

——鸟的象形符号。

二形合在一起，表示排成“人”字队形飞行的大雁。

习[xí]　　甲骨文　　金文　　小篆

《说文》習：數飛也。从羽从白。似入切。

《字典》甲骨文是会意字，由羽和日组成，表示鸟儿在日光下飞翔。本义为小鸟反复练习飞翔。

补正：——习[xí]（習）

——羽，这里指鸟的两只翅膀。

——日，目标符号，这里表示鸟巢。

二形合在一起，表示小鸟羽翼已丰，在巢中扇动翅膀练习飞行的状态会意描写，习的本义指练习，引申指习惯、习性。

雇[gù]

甲骨文  小篆 

《说文》雇：九雇。農桑候鳥，扈民不婬者也。从隹户聲。春雇，鳻盾；夏雇，竊玄；秋雇，竊藍；冬雇，竊黄；棘雇，竊丹；行雇，唶唶；宵雇，嘖嘖；桑雇，竊脂；老雇，鷃也。侯古切。

《字典》形声字，隹为形，户为声。本义指一种能提醒农户使之不违农时的候鸟。

补正：——雇[gù]（僱）

——户，单扇房门的象形描写。

——鸟的象形符号。

二形合在一起，本义表示家中饲养的鸟或鸡，由看护照顾引申指雇用。

鲁[lǔ]

甲骨文  金文  小篆 

《说文》鲁：鈍詞也。从𠂤，鮺省聲。《論語》曰：“參也魯。”郎古切。

《字典》鲁在甲骨文和金文中是会意字，由鱼和口上下组合而成，表示味道美。

补正：——鲁[lǔ]（魯）

——鱼的象形符号。

——口，这里表示水池。

二形合在一起，表示浅水池中的鱼。

(1)笨拙，愚钝；(2)由池中有鱼喻意美好。

蒙[méng]

甲骨文  小篆 

《**说文**》蒙：王女也。从艸冡聲。莫紅切。

《**字典**》形声字。本义指大的女萝草，又叫菟丝。在篆文又写作冡，是会意字，意思是饲养豕（猪）时，为了防止它逃跑，用巾覆盖眼睛。现蒙的基本义为覆盖的意思。

补正：——蒙[méng]

——网的象形符号。

——兔子或其他动物的象形描写。

二形合在一起，表示张网捕兔子（见图），蒙的本义指遮住、覆盖，引申指欺诈、愚昧、幼稚。

瞢[méng]

甲骨文  小篆 

《**说文**》瞢：目不明也。从苜从旬。旬，目數摇也。木空切。

《**字典**》会意字。本义为眼睛不明亮。

补正：——瞢[méng]

——网的象形符号。

——眼睛象形符号。

二形合在一起，表示用布蒙住眼睛，引申指眼睛不明亮看不清楚，再引申指昏暗、烦闷、没有主见。

富[fù]

金文  小篆 

《**说文**》富：備也。一曰厚也。从宀畐聲。方副切。

《**字典**》形声兼会意字，宀为形，畐为声；畐兼表义，意为满、多。本义为完备。

补正：——富[fù]

——房子象形符号。

——畐，多层笼屉象形描写。

二形合在一起，表示多层楼房或家中食物充足。

灶[zào]

甲骨文  金文  小篆 

《**说文**》竈：炊竈也。从穴，鼀省聲。則到切。

《**字典**》会意字，由火和土两部分组成；繁体写作竈，是形声字，穴为形，鼀（cù）省略中间的一撇一点为声；篆文异体声符鼀不省略。

补正：——灶[zào]（竈）

——穴，有两个出口的洞象形描写。

——爬行的乌龟或鳖的象形描写。

二形合在一起，表示早期的火塘。古人用火很不方便，要保留火种，故用龟的象形符号表示火塘中慢慢燃烧的灰火。灶是中国古代先民敬奉的神明之一，农历腊月二十三日（小年）到年三十是灶神休假的时间，因为这时人们要准备丰盛的食品过年，用火不受限制；从大年初一开始灶神开始工作，民间用火恢复正常。

孰[shú] 甲骨文  金文  小篆 

《说文》孰：食飪也。从丮𦎫聲。《易》曰：“孰飪。”殊六切。

《字典》篆文是会意字，左部读 chún，表示放有熟食的器皿，隶书中写作享；右部读作 jí，表示两手端着一件器物，隶书中写作丸，合起来表示两手端着放有熟食的器皿。本义为食物煮得烂熟。

补正：——孰[shú]

——享，锅台和蒸笼的象形描写。

——突出手侧立的人象形描写。

二形合在一起，表示一个人在查看蒸笼中的食物熟了没有的状态会意描写，孰，指带有疑问的怎样、怎能、谁。

曾[zēng] 甲骨文  金文  小篆 

《说文》曾：詞之舒也。从八从曰，囪聲。昨稜切。囪，古囱字。

《字典》缺

补正：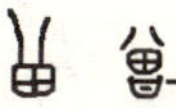——曾[zēng]

其构形为热蒸汽从笼屉中透出的状态象形描写；因为笼屉可以是多层的，引申指：(1)中间隔两代的亲属；(2)过去、曾经。

复[fù] 甲骨文  金文  小篆 

《**说文**》复：行故道也。从夊，富省聲。房六切。

《**字典**》形声字，以表示与行走有关的夊（suī）为形，以富（fú）省略田为声。本义为在曾经走过的路上行走；又指回来或回去。

补正：——复[fù]（復）

——倒扣的瓶子象形描写。

——返回的脚象形描写。

二形合在一起，表示将倒扣的瓶子再放正会意描写，引申指回答、回复。

录[lù] 甲骨文 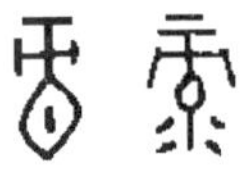 金文  小篆 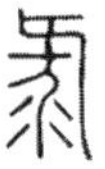

《**说文**》录：刻木录录也。象形。盧谷切。

《**字典**》在甲骨文和金文中，上部像辘轳，下部几点表示水滴。录的本义是滤，即液体下渗。繁体録是形声字，金为形，录为声，本义为钻木取火。

补正：——录[lù]（録）

——固定符号。

——袋中装有东西的状态象形描写。

二形合在一起，表示用布将蔬菜中的水分挤出的状态会意描写，本义指过滤，引申指选取、挑选。

粦[lín]

金文  小篆 

《**说文**》粦：兵死及牛馬之血爲粦。粦，鬼火也。从炎、舛。良刃切。徐鍇曰：“案：《博物志》戰鬥死亡之處，有人馬血，積中爲粦，著地入艸木，如霜露不可見。有觸者，著人體後有光，拂拭即散無數，又有吒聲如鬻豆。舛者，人足也。言光行著人。”

《**字典**》缺

补正：——粦[lín]

——火焰象形描写。

——舛，外八字脚象形描写。

二形合在一起，表示跳动的火焰，本义指燐火，俗称“鬼火”。该字的构形与“舞”相似。

尞[liáo]

甲骨文   小篆 

《**说文**》尞：柴祭天也。从火从昚。昚，古文慎字。祭天所以慎也。力照切。

《**字典**》缺

补正： 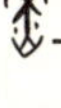——尞[liáo]

其构形为火借风势向四处蔓延的状态会意描写，尞的本义指“燎”。

灰[huī]灵[líng]

金文  小篆 

《说文》灰：死火餘㶳也。从火从又。又，手也。火既滅，可以執持。呼恢切。

灵：缺

《字典》灰，甲骨文像手持棍拨弄火的样子；篆文是会意字，由又（手）和火组成，合起来表示用手去拿火熄灭后烧剩的东西。

灵，繁体写作靈，是形声字，巫为形，霝（líng）为声，今简化为灵。本义为巫祝以玉事奉神明。

补正：——灰[huī]灵[líng]（靈）

——右手象形符号，表示灵活、完成。

——火焰象形符号。

二形合在一起，后分化为二个字：(1)灰，表示燃烧完的火，喻意剩下的就是灰烬；(2)灵，指火苗的跳动、轻灵，引申指反应快。

无[wú]

甲骨文  小篆 

《说文》無：亡也。从亡無聲。武扶切。

《字典》繁体写作無，会意字。本义为没有。

补正：——无[wú]（無）

其构形为双手摊开的人象形描写，表示两手空空，喻意没有。

司[sī]后[hòu]

甲骨文  金文 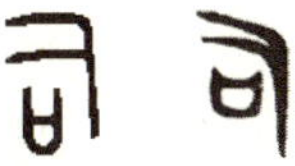 小篆 

《说文》司：臣司事於外者。从反后。息兹切。

后：繼體君也。象人之形。施令以告四方，故厂之。从一、口。發號者，君后也。胡口切。

《字典》司，会意字，小篆是后字的反写，字中的人向左，指为君王在外办事的官吏；一说，司是发号施令的人。本义为掌管、主持。

后，与其楷书繁体字本是两个字，分别作后与後。后在小篆中是会意字，由表示发布命令的厂（yì）和表示施行这个行为的只有（君主）一个人的一、口三部分组成而成，合起来表示君主向四面八方发布命令。繁体的後是会意字，由彳（chì）、幺（yāo）、和夊（suī）三部分组成，其中彳表示道路，幺表示小，夊表示行动缓慢，合起来指走在后面。后的本义多指远古时代的君主或古代诸侯。春秋战国时则专指君主之妻。

补正：——司[sī]后[hòu]（後）

——勺子象形符号。

——口，多种含义，这里表示锅。

二形合在一起，本义表示用勺子分配食物；后分化为二个字：(1)司，引申指管理、管理人员、官府机构；(2)后，专指皇后。

盈[yíng]

甲骨文  金文  小篆 

《说文》盈：滿器也。从皿、夃。以成切。臣鉉等曰：夃，古乎切。益多之意也。古者以買物多得爲夃。故从夃。

《字典》会意字，由皿和夃两部分上下组成。本义为把器皿贮满，即充满。

补正：——盈[yíng]

——手的象形符号。

——碗的象形符号。

二形合在一起，表示自己给自己碗里盛饭（尽饱吃）的状态会意描写，盈的本义指“自满、满足”，引申指“充满、增长”。范晔《后汉书·仲长统传》：“鱼肉百姓，以盈其欲。”

尽[jìn]

甲骨文  金文  小篆 

《**说文**》盡：器中空也。从皿㶳聲。慈刃切。

《**字典**》甲骨文是会意字，像一个人手拿刷子在刷洗器皿，表器中空净之义；繁体写作盡，皿为形；篆文（写作上聿下火）作声符。本义为器物空净。

补正：——尽[jìn]（盡）

——手持刷子象形描写。

——器皿象形符号。

二形合在一起，表示正在洗碗的状态会意描写，寓意饭已经吃光了，引申指：(1)全部；(2)到达终点、极限。

告[gào]

甲骨文  金文  小篆 

《**说文**》告：牛觸人，角箸横木，所以告人也。从口从牛。《易》曰：“僮牛之告。”古奥切。

《**字典**》告字的形义目前尚无定论。基本义为告诉；特用于祭祀时对神、祖先的祝告。

补正：——告[gào]

——生，表示“出现”。

——口，这里指说话。

二形合在一起，本义表示说出。

省[xǐng]

甲骨文　金文　小篆

《**说文**》省：視也。从眉省，从屮。所景切。臣鉉等曰：屮，通識也。

《**字典**》篆文是会意字，由表示初生的农作物的屮（chè）和表示眼睛义的眉（省略部分笔画）两部分组合而成。本义为察看、观察、审视。

补正：——省[xǐng]

——眼睛象形符号。

——向上符号。

二形合在一起，本义表示把眼睛睁开，即睡醒之意，(1)由清醒引申指考察、察看，反省；(2)由睡眠少引申指减少、节省；(3)行政区划单位。

顺[shùn]

甲骨文　金文　小篆

《**说文**》順：理也。从頁从巛。食閏切。

《**字典**》会意字，由表示头的页和表示毛发的川（chuān）两部分组成，合起来指头发。本义为梳理头发。

补正：——顺[shùn]（順）

——川，这里表示连续。

——突出头部的人象形描写。

二形合在一起，表示一个人连连点头，肢体语言有同意、赞同或照别人说的去做之意。

觅[mì]

甲骨文  小篆 

《**说文**》覛：衺视也。从𠂢从見。莫狄切。

《**字典**》籀文写作䚢，篆文写作覛，又写作䚢，会意字，由表示水斜出的支流的𠂢（pài）和見会意。本义为斜着眼睛。

补正：——觅[mì]（覓）

其构形为一个边走边四处张望的人象形描写，觅的本义指用眼睛搜寻。

曼[màn]

甲骨文  金文 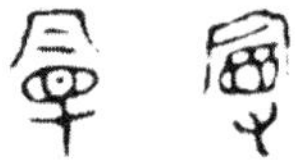 小篆 

《**说文**》曼：引也。从又冒聲。無販切。

《**字典**》形声字，又为形，（冒）为声。本义为引而使长、延长。

补正：——曼[màn]

——眼睛象形符号。

——手的象形符号，表示灵活、完成。

二形合在一起，表示用眼睛示意、使眼色，也有用眼睛搜寻之意，引申指延伸、长远。屈原《九章·哀郢[yǐng]》：“曼余目以流观兮，冀壹反之何时。”

鳏[guān]

金文　小篆

《**说文**》鰥：魚也。从魚眔聲。古頑切。李陽冰曰："當从罤省。"

《**字典**》形声字，鱼为形，眔为声。本义指一种大鱼，即鳡（gǎn）鱼。

补正：——鳏[guān]（鰥）

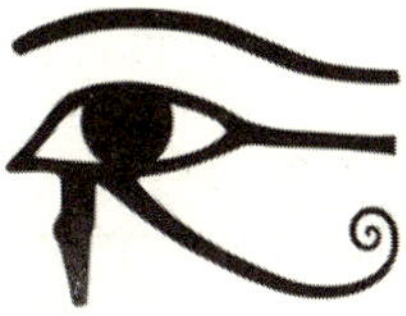

——流泪的眼睛象形描写。

——鱼的象形符号。

二形合在一起，表示不停地流眼泪，本义指爱哭的儿童，引申指性格软弱的男人，后专指丧妻的男人。

畴[chóu]

甲骨文　金文　小篆

《**说文**》疇：耕治之田也。从田，象耕屈之形。直由切。

《**字典**》形声字，田为形，寿为声；甲骨文为象形字，状似被犁耕过的弯弯曲曲的田沟；篆文成为会意字，字形为在甲骨文"畴"字的左边加田字；至隶楷又为形声字，写作疇，田为形，壽为声。本义指已经耕过并整治好了的田地。

补正：——畴[chóu]（疇）

其构形为一条河流两岸相邻的村庄象形描写，由相邻引申指：(1)邻居；(2)范围。

臧[zāng]

甲骨文  金文  小篆 

《说文》臧：善也。从臣戕聲。則郎切。

《字典》形声字，臣为形，戕（qiāng）为声；甲骨文是会意字，由臣和戈两部分组成；金文加声符爿成为形声字。本义指善、好、吉祥的言辞；古籍中又假借为藏。

补正：——臧[zāng]

——臣，仰视的眼睛象形描写。

——戈，这里指武装部队。

二形合在一起，表示哨兵或麦田的守望者、看护者。

(1)由平安引申指美好；(2)由伏兵引申指隐藏、躲藏。

蜀[shǔ]

甲骨文  金文  小篆 

《说文》蜀：葵中蠶也。从虫，上目象蜀頭形，中象其身蜎蜎。《詩》曰：“蜎蜎者蜀。”市玉切。

《字典》甲骨文和金文是象形字，像一只虫子，表示桑树上的一种形似蚕的害虫。本义指一种蛾蝶类的幼虫，后用蠋字表此义，蜀字被假借用。

补正：——蜀[shǔ]

其构形由眼睛和蛇合体构成，有两种可能性：(1)指眼镜蛇；(2)表示具有像蛇一样感知功能（红外线感知功能）的人。从三星堆出土的青铜人面像看（见图），估计第二种可能性大。蜀指远古时期生活在四川盆地的一个民族。

婪[lán]　　甲骨文 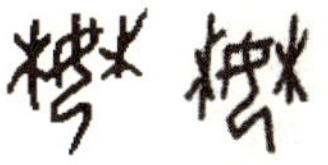 小篆 

《**说文**》婪：貪也。从女林聲。杜林説：卜者黨相詐驗爲婪。讀若潭。盧含切。

《**字典**》形声字，女为形，林为声。本义为贪爱财物。

补正：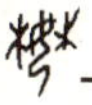——婪[lán]

——树林象形符号，表示野外。

——女人象形符号。

二形合在一起，表示女人正在树林中采摘树上的果实，因为树林属于野外，古时遵循谁采到归谁所有的风俗，由想摘取更多果实的心态引申表示贪心之意。

娄[lóu]　　金文  小篆 

《**说文**》婁：空也。从母、中、女，空之意也。一曰婁，務也。洛侯切。

《**字典**》在古文中写作上囧（jiǒng）下女，囧表示窗格交错、窗子敞亮；楷书繁体写作婁，今简化为娄。本义为中空。

补正：——娄[lóu]（婁）

——双手端有食物的盆象形描写。

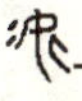——由“”（女）和“”（匕）构成“老”，这里指老母猪，其中的小点表示多。

二形合在一起，表示给母猪喂食的状态会意描写，读音源自于喂猪时叫猪的“喽喽”声，引申指供养老人。

侵[qīn]

甲骨文  小篆 

《说文》侵：渐進也。从人、又持帚，若埽之進。又，手也。七林切。

《字典》缺

补正：——侵[qīn]

——牛的象形符号。

——扫把象形符号，代表家中。

二形合在一起，表示牛来到了不该它来的地方，即闯进了家里，侵的本义指未经主人同意而强行进入的行为。

宴[yàn]晦[huì]

甲骨文  金文  小篆 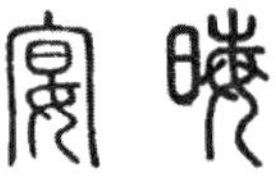

《说文》宴：安也。从宀妟聲。於甸切。

晦：月尽也。从日每聲。荒内切。

《字典》宴，形声字，宀为形，妟为声。本义为安息。

晦，形声字，日为形，每为声。

补正：——宴[yàn]晦[huì]

——目标符号。

——女人象形符号。

二形合在一起，本义表示男方选中的女人，即定亲之意（见图：汉画像石·提亲）；因为定亲还要看女方家的态度，后演化为二个字：(1)宴，由女方家满意，亲事可定而受到女方家设宴招待。“晏，妟，匽”是宴的异体字，晏后指天气晴朗、安宁；(2)晦，因女方家态度不明或拒绝，引申指天气阴暗或心情不好。

太[tài]

金文 小篆

《说文》夳：滑也。从廾从水，大聲。他蓋切。臣鉉等曰：本音他達切。今《左氏傳》作汏輈，非是。

《字典》象形字，最早与大原本是一个字，后来才分成两个字。太最早写作夳，是泰的古字。后隶书写作泰，是形声字，由収（gǒng）和水表形，収表双手，意思是水从手中下溜。泰的本义指滑溜。后来凡是说大且未尽的则作太。

补正：——太[tài]

其构形为“大”下加指示符号构成，表示大中之大、最大之意。

亢[kàng]

甲骨文 金文 小篆

《说文》亢：人頸也。从大省，象頸脈形。古郎切。

《字典》篆文是会意字，上部是“大”（意指人）省略横以下的部分，下部的“几”，像人的脖颈。本义指颈项，特指颈项前部。

补正：——亢[kàng]

其构形为挺直身体站立不动的人会意描写，亢的本义指身体挺直不动（因内心不愿意而拒绝的姿态），引申指情绪上的兴奋和唱歌时的最高音。

庶[shù]

甲骨文 金文 小篆

《说文》庶：屋下衆也。从广、炗。炗，古文光字。商署切。臣鉉等曰：光亦衆盛也。

《字典》会意字，小篆由表示房屋的广（yǎn）和炗（古文光字）两部分组成。本义为屋子里面火光很多，引申泛指众多。

补正：——庶[shù]

——房子象形符号。

——这里表示家中的火塘。

——石制农具的象形描写。

三形合在一起，表示有火塘和农具的家庭，原指没有资格继承贵族封号的支系，与嫡相对，后指平民。

宋[sòng]

甲骨文 金文 小篆

《说文》宋：居也。从宀从木。讀若送。蘇統切。臣鉉等曰：木者所以成室以居人也。

《字典》会意字，由宀和木两部分组成，表示用梁柱撑起的房屋。本义为居住。

补正：——宋[sòng]

——房子象形符号。

——树木象形符号。

二形合在一起，本义为用木头搭建的阁楼、大房子。古代朝代名，现仅用为姓氏。

容[róng]

甲骨文  金文  小篆 

《**说文**》容：盛也。从宀、谷。余封切。臣鉉等曰：屋與谷皆所以盛受也。

《**字典**》会意字，由表示房屋的宀和表示山谷的谷两部分上下组合而成，房屋和山谷都可以作纳入东西之处，所以容的本义指容纳、盛。

补正：——容[róng]

——穴，有两个出口的洞象形描写。

——口，这里表示面积或体积。

二形合在一起，表示洞穴中的空间：(1) 动词，容纳、包容；(2) 名词，由人的面部表情反映人的内心活动，引申指面容、容貌。

叟[sǒu]

甲骨文   小篆 

《**说文**》叟：老也。从又从灾。闕。穌后切。

《**字典**》小篆写作叜，是会意字，由宀、火、又三部分组成，宀指房屋，又指手，合起来表示人在房屋内手持火把照明搜寻。叟是搜的本字。

补正：——叟[sǒu]

——房子象形符号。

——手持火把象形符号，表示主人。

二形合在一起，表示家中的主人，因为家中主人通常都是老年男人，故“叟”引申专指老年男人。

所[suǒ]

金文  小篆 

《**说文**》所：伐木聲也。从斤户聲。《詩》曰：“伐木所所。”疏舉切。

《**字典**》形声字，斤为形，户为声。本义为拟声词，形容伐木的声音。

补正：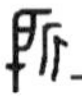——所[suǒ]

——户，单扇房门的象形描写。

——斤，斧头象形符号。

二形合在一起，本义表示在古代有一定的社会地位、有人身自由和技术专长的工匠、匠户，所的字义有：(1)场所、处所；(2)由工匠为人干活获取相应报酬引申指“大约、差不多”；(3)由工匠接活看条件，引申指“如果、假如、因为……所以”；(4)自己的、个人的，如“所见所闻”“为所欲为”。

将[jiāng]

甲骨文  小篆 

《**说文**》將：帥也。从寸，牆省聲。即諒切。

《**字典**》将是多音字，读作 jiàng 时，是形声字，寸为形，酱省略酉作声符。

补正：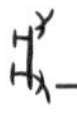——将[jiāng]（將）

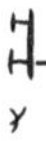——木板床的象形描写。

——双手象形描写。

二形合在一起，表示铺床准备睡觉的状态会意描写，引申指：(1)调养、休息；(2)将要、正要；(3)将军，指统领军队、排兵布阵的军官。

尤[yóu]

甲骨文  金文  小篆 

《说文》 尤：異也。从乙又聲。羽求切。徐鍇曰：“乙欲出而見閡，見閡則顯其尤異也。”

《字典》 甲骨文像一只有一横的右手，表示手上长的赘疣；篆文为形声兼会意字，乙为形，又（手）为声兼表义。本义指手上的赘疣，后本义用肬字表示，尤假借指突出的、特异的。

补正： ——尤[yóu] 

其构形为大拇指上加指示符号，表示竖起的大拇指，肢体语言为“夸奖、称赞”之意，引申指“特别、独特”。

叉[chā]

甲骨文  金文  小篆 

《说文》 叉：手指相錯也。从又，象叉之形。初牙切。

《字典》 象形字，字形状似两个手指头叉在右手手指间，所以本义为手指互相交错，又泛指一般事物的相交，引申为一类前端有分开排列的长齿的工具的名称。叉作为动词时，表示用叉刺取东西。

补正： ——叉[chā]

其构形为抓阄或玩猜拳游戏的状态象形描写（见图：汉画像石·六博戏），本义表示猜；后“推测”的含义被“猜”字取代，“叉”仅用来表示工具叉子。

蚤[zǎo]

甲骨文  小篆 

《**说文**》蚤：齧人跳蟲。从蚰叉聲。叉，古爪字。子皓切。

《**字典**》篆文是形声字，正体以蚰（kūn）为形，叉为声，叉是古文爪字；篆文异体以虫为形，后来声符变形为叉，于是写为蚤。本义指跳蚤；古籍中又假借为早。

补正：——蚤[zǎo]

其构形为用手反复抓挠，即挠痒的状态会意描写，借指叮咬人的跳蚤。古文中常假借为“早”。

父[fù]

甲骨文  金文  小篆 

《**说文**》父：矩也。家長率教者。从又舉杖。扶雨切。

《**字典**》象形字，甲骨文和金文像手持石斧的样子。本义指石斧；因在早期先民那里，持斧工作或作战一般是成年男子的职责，遂转指父亲。

补正： ——父[fù] 

其构形为在手的中指上加指示符号，表示伸出的中指；因为中指在所有手指头中最长，在早期人类社会文化中是一种褒义，因此甲骨文中用于表示父亲之意。

臾[yú]

甲骨文  金文  小篆 

《说文》臾：束縛捽抴爲臾。从申从乙。羊朱切。
臣鉉等曰：乙，屈也。

《字典》缺

补正：——臾[yú]

——突出头部的人象形描写。

——朝下的双手象形描写。

二形合在一起，表示大人逗儿童玩时用双手举起儿童的状态会意描写；因为只是象征性的举一下，引申表示“时间很短、一会儿”。

巩[gǒng]

甲骨文  金文  小篆 

《说文》鞏：以韋束也。《易》曰：“鞏用黄牛之革。”从革巩聲。居竦切。

《字典》古文字是形声字，右部作形符，状似人伸出双手持物，以工为声符，或在下面再加一个手字。本义为用皮革束物。

补正：——巩[gǒng]（鞏）

I——工，固定符号，表音兼表意。

——双手象形描写。

二形合在一起，本义表示加固、固定。也可以理解为将腰带扎紧。

揽[lǎn]

金文 

《**说文**》缺

《**字典**》形声字，扌为形，览为声。本义指聚敛于手中。

补正：——揽[lǎn]（攬）（见墙盘铭文）

——双手持盆扣下象形描写。

——突出头部的人，指有思想。

二形合在一起，表示留下、笼络住有才能的人。

奥[ào]

甲骨文 　小篆 

《**说文**》奥：宛也。室之西南隅。从宀舜聲。烏到切。臣鉉等曰：舜非聲，未詳。

《**字典**》会意字，古人用双手捧着禾麦，祭拜室内西南角的神灵。

补正：——奥[ào]

——窑洞或房子象形符号。

——跪坐之人象形描写，其中的小点表示许多人或温暖之意。

二形合在一起，表示冬天人们在温暖的窑洞中躲避严寒，引申为深藏之意；奥与熬的读音相同。《尚书·尧典》：“冬……厥民奥。”

宾[bīn]　　甲骨文　金文　小篆

《**说文**》賓：所敬也。从貝㝑聲。必鄰切。

《**字典**》形声字，宀为形，兵为声。本义指客人。

补正：——宾[bīn]（賓）

——房子象形符号。

——跪坐的人象形描写。

——脚的象形符号，表示停留。

三形合在一起，表示来到家中暂住的客人，其中的小点表示许多宾客（见图：汉画像石·宾客图）。

厨[chú]　　甲骨文　金文　小篆

《**说文**》廚：庖屋也。从广尌聲。直株切。

《**字典**》形声字，厂（hǎn）为形，尌为声。本义指厨房。

补正：——厨[chú]（廚）

——豆，古时用于盛菜的器皿象形描写。

——双手象形描写，表示职业、专职。

二形合在一起表示职业做饭的人（见图：青铜豆）。

竖[shù]

金文  小篆 

《**说文**》竪：竪立也。从臤豆聲。臣庾切。

《**字典**》小篆写作竪，是形声字，臤（qiān）为形，豆为声，臤的意思是坚固。本义为立起来、使直立。

补正：——竖[shù]（竪）

——臣，仰视的眼睛象形描写。

——厨，表音兼表意。

二形合在一起，本义表示端茶倒水的下人、仆人，由仆人通常站立在主人身边服务，引申指直立。

最[zuì]

甲骨文  小篆 

《**说文**》最：犯而取也。从冃从取。祖外切。

《**字典**》会意字，由表示冒犯而取的冃（mào）和取两部分组成。本义为冒犯而取之。

补正：——最[zuì]

——这里表示整体。

——双手象形描写。

二形合在一起，表示双手将松散的物品聚拢的状态会意描写。由凸起引申指突出、特别。

丐[gài]

甲骨文　金文　小篆

《**说文**》匃：气也。逯安說：亡人爲匄。古代切。

《**字典**》本字是匄，也写作匃。匄是会意字，由亡和勹两部分组成，亡指没有东西，勹像一个弯着腰的人，合起来表示人没有财物，只得乞求施舍，现在以丐为正体。本义为乞求。

补正：——丐[gài]（匃）

其构形为一个手端着碗跪着乞讨的人象形描写；丐的文字含义有：(1)乞丐；(2)乞求、乞讨；(3)给予、赐予。

穷[qióng]

金文　小篆

《**说文**》窮：極也。从穴躳聲。渠弓切。

《**字典**》繁体写作窮，是形声字，穴为形，躬为声。本义为到了极限。

补正：——穷[qióng]（窮）（见墙盘铭文）

——房子象形符号。

——双手拿着绳子捆扎会意描写。

——赤着脚藏在草丛中的人象形描写。

三形合在一起，表示家中没有棉衣、棉被等御寒之物，只能用草裹身取暖的人会意描写。

气[qì] 乞[qǐ]

甲骨文  小篆 

《说文》 气：雲气也。象形。去既切。

乞：缺

《字典》 气，象形字，甲骨文像天上云飘浮的形状，为三条长短不一的横线。篆文有两个气字，一是气，由甲骨文的气字变化而来；又一是氣，读作 xì，是形声字，米为形，气为声。气的本义为赠送人的粮食或饮料，后写作“餼”。

乞，象形字，甲骨文除本义外，还表示乞求的意思，后从“气”字分化出乞字。本义为向人求讨、乞求。

补正： ——气[qì]（氣）乞[qǐ]

其构形为气流或刮风的象形描写，后分化为二个字：(1)气，本义指气体，引申指人看不见但能感觉到的物质及能量，如气味、气质、气势、元气等；(2)乞，由空气稀少，引申指乞求、乞讨。

昃[zè]

甲骨文 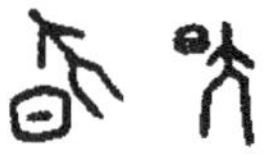 小篆 

《说文》 昃：日在西方時。側也。从日仄聲。阻力切。

《字典》 甲骨文是会意字，由日和一个偏斜的人组成；小篆是形声字，日为形，仄为声；有人认为，仄兼表义，表示倾斜。

补正： ——昃[zè]

——太阳的象形描写。

——侧睡的人象形描写。

二形合在一起，表示太阳西斜在地上照出的人影象形描写；昃的本义指太阳快落山的时候，《荀子·哀公》：“君平明而听朝，日昃而退。”

昔[xī]

《**说文**》昔：乾肉也。从殘肉，日以晞之。與俎同意。思積切。

《**字典**》小篆是会意字，上部表示切成条状或块状的肉、零碎的肉，是两个并列的仌，下部是日，合起来表示用太阳晒干肉。本义为干肉。

补正：——昔[xī]

——水波纹的象形描写。

——日，太阳象形符号。

二形合在一起，表示时间过去就像平静湖面投入石子后水面形成的一圈一圈散开的波纹一样；昔的本义指过去的日子，与“今”相对。

旬[xún]

《**说文**》旬：徧也。十日爲旬。从勹、日。詳遵切。

《**字典**》甲骨文是指事字，像一个圆圈的样子，并在圆圈的一端加一划作为指事符号。古人以天干的十个字纪日，十天为一个循环，因此甲骨文中的回环之形就表示一个循环。

补正：——旬[xún]

——由细皮条编成的鞭子象形描写。

——日，太阳的象形描写。

二形合在一起，表示太阳的轮回，十日为一旬。

恒[héng]

甲骨文  金文  小篆 

《**说文**》恒：常也。从心从舟，在二之閒上下。心以舟施，恒也。胡登切。

《**字典**》会意字，甲骨文由表示上下二横的二和二横中间的月字组成，二代表天和地，月代表月亮，合起来表示月亮悬于天地之间已有亿万年的时间；古文表示弦月，这时就离满月之日不远了，而此时的月色最为光明且光亮持续的时间最长；金文又加上心旁作形符，表示恒心；在篆文中，恒字中的月写作舟，表示心乘着一叶舟往返于天地之间，经年不变；后来，由日代替了舟，写作恒。

补正：——恒[héng]（恆）

——工，表示固定的象形符号。

——月，月亮象形符号

二形合在一起，表示天上静止不动的较明亮的恒星，引申指永久、不变的，再引申指平常的、普通的。

雪[xuě]

甲骨文  

《**说文**》缺

《**字典**》缺

补正：——雪[xuě]

——下雨的象形描写。

——羽毛的象形描写。

二形合在一起，表示天上飘下的雪花。

巴[bā]

甲骨文 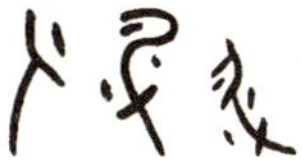 金文  小篆 

《说文》 巴：蟲也。或曰食象蛇。象形。伯加切。徐鍇曰：“一，所吞也。指事。”

《字典》 象形字，小篆字形像蟒蛇形。本义即指传说中的一种大蛇，因蛇善于附着在物件上爬行，所以又引申为黏贴、依附、靠近等义。

补正： ——巴[bā]

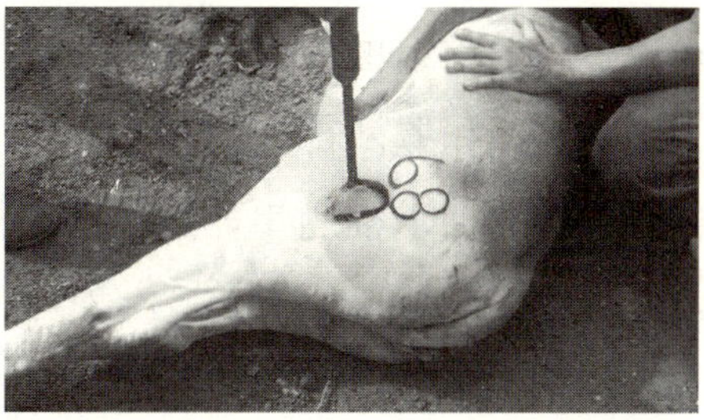

其构形为烙铁烫出的印痕会意描写，巴的本义指“疤”，现字义有：(1)下等人；(2)紧贴、挨着；(3)特别。

色[sè]

金文  小篆 

《说文》 色：颜气也。从人从卪。所力切。

《字典》 篆文是会意字，由人和表示古代的符节之义的卪（jié）两部分组成，合起来表示人的脸色与心情像一分为二的符节对在一起时严丝合缝般完全一致。本义指脸上的颜色、神情、气色。

补正： 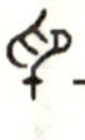——色[sè]

——手掌朝下的手象形描写。

——巴，手持烧红的烙铁象形描写。

二形合在一起，表示印花或烫花，引申指颜色，其构形与甲骨文“”（印）相似。

丰[fēng]

甲骨文  金文  小篆 

《说文》豐：豆之豐滿者也。从豆，象形。一曰《鄉飲酒》有豐侯者。敷戎切。

《字典》丰，繁体字写作豐，它们本为两个不同的字，丰在甲骨文中是象形字，像一株培好土的树。丰的本义为草木茂盛。

礼，在古文字中写作豊，是会意字，上面像是放着玉，表示侍奉神祇，下面像是一个高脚盘（豆）；后写作禮，是会意兼形声字，由礻和豊两部分组成，豊兼表声。禮简化后写作礼，其本义是指履行祭神求福之事，后来也指社会共同遵守的道德规范和行为准则。

补正：——丰[fēng]（豐）

——鼓槌连续敲击的状态会意描写。

——鼓的象形符号。

二形合在一起，表示连续击鼓；鼓在早期先民的生活中具有重要意义，因为鼓的声音很大传得很远，人们认为鼓声可以通天，在没有战争的情况下鼓通常只在获得丰收和祭祀时才使用，以表达对上天保佑的感恩之意。古时人们在获得丰收后必定举行祭祀，因此早期“丰”和“礼”是同一个字，后来在“丰（豐）”上加祭祀符号构成“礼（禮）”加以区分（见图：汉画像石·庆丰收）。

儿[ér]

甲骨文　　金文　　小篆

《**说文**》兒：孺子也。从儿，象小兒頭囟未合。汝移切。

《**字典**》古文字是象形字，甲骨文上部形似囟门尚未闭合的婴儿的头部，下部像人的身躯。本义指小孩子。

补正：——儿[ér]（兒）

其构形为开始长牙年龄阶段的幼儿会意描写。

失[shī]

甲骨文　　金文　　小篆

《**说文**》失：縱也。从手乙聲。式質切。

《**字典**》篆文是形声字，手为形，乙为声。本义为原本握在手中的东西没了。

补正：——失[shī]

其构形为头顶扎着一撮头发外出的儿童象形描写，表示儿童在没有大人看护下独自外出走丢之意，失的字义有：(1)失去、丧失；(2)找不到、迷失；(3)耽搁、错过；(4)过错、过失。

央[yāng]

甲骨文  金文  小篆 

《**说文**》央：中央也。从大在冂之内。大，人也。央旁同意。一曰久也。於良切。

《**字典**》会意字，古文字由冂（jiōng）和大组合而成，冂表示门框，大表示人，合起来表示人站在门框的中间。本义为中央，即正中、中心。

补正：——央[yāng]

——口，这里表示整体。

——头上加指示符号的人象形描写。

二形合在一起，表示群体中个子最高的人，引申指最高处。

敬[jìng]

甲骨文  金文  小篆 

《**说文**》敬：肃也。从攴、苟。居慶切。

《**字典**》篆文是会意字，由表做事义的攵（攴）和表谨慎、警惕的苟（jì）组合而成，合起来表示谨慎做事。

补正：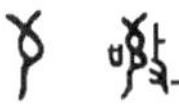——敬[jìng]

其构形为一个双手举过头顶（犹如给尊贵的客人敬献哈达）的人象形描写，也可以看作今日军人行的军礼，表达尊敬的肢体语言。

匿[nì]

甲骨文 金文 小篆

《说文》匿：亡也。从匸若聲。讀若羊騶箠。女力切。

《字典》形声字，表示掩藏的匸（xì）为形，若为声。本义为逃亡。

补正：——匿[nì]

——柜子象形符号。

——鼓掌的人象形描写。

二形合在一起，表示一个人内心高兴外表却不表现出来，引申指“掩盖、隐藏”。

处[chù]

金文 小篆

《说文》處：止也。得几而止。从几从夂。昌與切。

《字典》会意字，金文的处字，状似一个头戴皮冠在凳子上坐着的人。本义为暂时停下来、停止。

补正：——处[chù]（處）

——虎头象形符号，表示威严、严厉。

——坐在凳子上凸出脚部的人象形描写。

二形合在一起，表示一个威严的官员坐在那里断案、处理事务，其中坐着的人象形符号中凸出的脚部表示这是一个巡回办案的法官，处的字义有：(1)所在地、驻地；(2)交往、相处；(3)处理、处置。该字反映中国早期社会治理的状态，与文献记载相吻合。

旨[zhǐ]

甲骨文  金文  小篆 

《说文》 旨：美也。从甘匕聲。職雉切。

《字典》 古文是会意字；甲骨文和金文由表示勺子之义的匕和口两部分组成，口中加一画表示食物；篆文由上部的匕和下部的甘组合而成。

补正：——旨[zhǐ]

——返回之人象形符号。

——目标符号。

二形合在一起，表示一个人到达目的地或达标之意，引申指说话的本意、宗旨。圣旨，专指皇帝对官员的指示、要求。

皆[jiē]

金文  小篆 

《说文》 皆：俱詞也。从比从白。古諧切。

《字典》 篆文是会意字，由表示排列在一起的比和表示气从鼻出，与口相助的白两部分组成，白读作 zì，即“说”；另一种说法认为，“白”在古文字中本写作“口”，合起来表示二人合一口，即全、俱的意思。

补正：——皆[jiē]

——一前一后外出的人象形描写。

——曰，目标符号。

二形合在一起，表示所有人一同到达或达标之意，引申指全部、同样。

倾[qīng]

金文　小篆

《说文》倾：仄也。从人从頃，頃亦聲。去營切。

《字典》形声兼会意字，亻为形，顷为声；顷兼表义，表示不正。本义为歪、偏斜。

补正：——倾[qīng]（傾）

——鼎的象形符号。

——一高一矮两个人的象形描写。

二形合在一起，表示鼎一边高一边低，倾斜、倾倒之意。

奇[qí]

甲骨文　小篆

《说文》奇：異也。一曰不耦。从大从可。渠羈切。

《字典》一说是会意字，由大和可两部分组成；一说是形声字，立（后演变为大）为形，可省去上面一横为声。本义为特殊的、稀罕的。

补正：——奇[qí]

其构形为一个双腿叉开骑在马上的人象形描写，奇的本义指“骑”，该含义被“骑”取代，现字义为特殊的、奇异的、出人意料的。

爽[shuǎng]

金文  小篆 

《**说文**》爽：明也。从㸚从大。疏兩切。徐鍇曰：“大，其中隙縫光也。”

《**字典**》会意字，由㸚（lǐ）和大构成，㸚像窗格交错之形，合起来表示屋子因窗格很大而明亮。

补正：——爽[shuǎng]（𡘼）

——大，呈大字形站立的人象形描写。

——编织符号，这里指纺织物。

二形合在一起，表示人穿的衣服薄而透气，引申指清爽、舒服、透亮。

尼[ní]

甲骨文  小篆 

《**说文**》尼：從後近之。从尸匕聲。女夷切。

《**字典**》象形字，篆文中的尼，由尸和匕两部分组成，尸是卧着的人，匕是反着的人，表示两个人亲昵的样子。本义指从后面接近他。

补正：——尼[ní]

——外出的人象形描写。

——返回之人象形描写。

二形合在一起，表示两个人因意见不统一（方向不一致）而使行动有阻力。尼的本义指磨蹭、动作慢。

役[yì]

甲骨文  小篆 

《说文》役：戍邊也。从殳从彳。營隻切。臣鉉等曰：彳，步也。彳亦聲。

《字典》会意字，由彳和殳（shū）字组合而成，彳表示人行走，殳表示拿着兵器，合起来表示拿着武器驱赶人。

补正：——役[yì]

——手持榔头象形描写，表示劳动。

——外出之人象形符号。

二形合在一起，表示这个人的身份是做工之人，(1)做工、出力；(2)指使、驱使。

攸[yōu]

甲骨文  金文  小篆 

《说文》攸：行水也。从攴从人，水省。以周切。徐鍇曰："攴，入水所杖也。"

《字典》会意字，由攴、人和水字省略中间一竖来表示水行。本义为使水平稳地流动。

补正：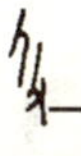——攸[yōu]

——外出之人象形符号。

——手持棍子象形描写，表示指导。

二形合在一起，本义表示这个人的身份是负有监督和指导职责的人，如教师或监工，因监工并不出力劳动但实际上负有重要责任，故攸的文字含义有：(1)清闲、悠闲；(2)关联、联系。

亟[jí]

甲骨文  金文 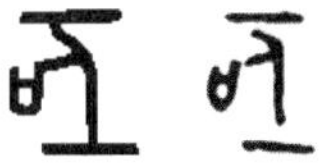 小篆 

《说文》亟：敏疾也。从人从口，从又从二。二，天地也。紀力切，去吏切。徐鍇曰：“承天之時，因地之利，口謀之，手執之，時不可失，疾也。”

《字典》篆文是会意字，由人、口、又（手）和二四部分组成，二表示天与地，合起来表示抓住天时地利，说话做事同时进行；一说极的初文是亟，在甲骨文中，亟字中间是人字，上下两横指示头顶和脚跟，表示人的两极，后亟假借为敏捷义，于是亟字加木旁写作極（极），表示亟的本义。

补正：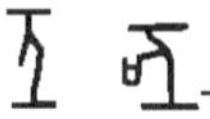——亟[jí]

其构形由“”和“”合体构成，表示人被卡住了不能动弹，由被卡之人心里着急，引申指急切、急迫。

参[cān]

甲骨文  金文  小篆 

《说文》参：商星也。从晶㐱聲。所今切。臣鉉等曰：㐱非聲，未詳。

《字典》缺

补正：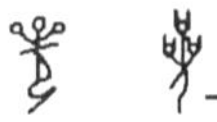——参[cān]（參）

其构形为一个头上插着许多饰物跪坐的人象形描写；本义表示一个人有多种职务（头衔），引申表示：(1)参与、参加；(2)繁杂。

尧[yáo] 甲骨文  小篆 

《**说文**》堯：高也。从垚在兀上，高遠也。吾聊切。

《**字典**》会意字，甲骨文为二土一人，古文为二土，二人，即“兟”；篆文的堯，由表示土堆的土（三土）和兀（表示人）组合而成，意思是土堆比人头高。本义为高远。

补正：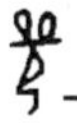——尧[yáo]（堯）

——两个土的象形描写。

——跪坐的人象形描写。

二形合在一起，表示一个人的思想境界博大、高远，引申泛指高、大。

帝尧：孔子推崇的古代帝王。

次[cì] 甲骨文  金文  小篆 

《**说文**》次：不前，不精也。从欠二聲。七四切。

《**字典**》会意兼形声字，由表示气不足的欠和表示排列次序的二两个部分组成，二亦表声。本义指不在前列的、未经精选的，泛指处于第二等级的排列次序；一说表示顺序、次序。

补正： 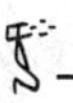——次[cì]

其构形为打喷嚏的人象形描写，因打喷嚏是连续的，故次有次序之意。

咨[zī]钦[qīn]

甲骨文　金文　小篆

《**说文**》咨：謀事曰咨。从口次聲。即夷切。

欽：欠貌。从欠金聲。去音切。

《**字典**》咨，形声字，口为形，次为声。本义为策划事情，又表示询问，后造諮字表以上义项。

钦，缺

补正： ——咨[zī]钦[qīn]（欽）

——青铜锭象形符号。

——张口跪坐的人象形描写。

二形合在一起，后分化为二个字：(1)钦，表示一个人说话含金量很高有权威性，引申指佩服、敬重；(2)咨，不具有权威性仅供参考的个人观点。

况[kuàng]

甲骨文　小篆

《**说文**》況：寒水也。从水兄聲。許訪切。

《**字典**》形声字，冫为形，兄（kuàng）为声；篆文写作況，也是形声字，氵为表，兄为声。本义指寒冷的水。

补正： ——况[kuàng]（況）

——河流象形符号。

——张口仰面朝天跪坐的人象形描写。

二形合在一起，表示一个人详细向上级汇报情况，犹如报流水帐一般。(1)情况、状况；(2)表示递进关系连词“况且、何况”。

赞[zàn]谮[zèn]

甲骨文 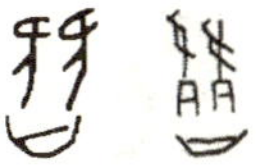 金文  小篆 

《说文》賛：見也。从貝从兟。則旰切。臣鉉等曰：兟，音詵。進也。執贄而進，有司贊相之。

譖：愬也。从言朁聲。莊蔭切。

《字典》赞，会意字，由表示礼物的贝和表示进、前行的兟（shēn）两部分组成，合起来表示拿着礼物往前走。本义为进见。

谮，缺

补正：——赞[zàn]（贊）谮[zèn]（譖）

——两个张口说话的人象形描写。

——口，这里指目标符号。

二形合在一起，表示许多人都说着同样的话；后分化为二个字：(1)赞，说好话、夸赞；(2)谮，说坏话，即谗言、谣言。

没[mò]

金文  小篆 

《说文》没：沈也。从水从𠬛。莫勃切。

《字典》形声兼会意字，氵为形，殳为声；殳兼表义；篆文是会意字，由氵（水）和𠬛（mò）会意。本义为沉没。

补正：——没[mò]

——水中漩涡的象形描写。

——右手象形符号。

二形合在一起，表示人沉入水中只露出一只手的状态会意描写；没的本义指淹没，引申指没有。

巽[xùn]　甲骨文　金文　小篆

《**说文**》巽：具也。从丌㔾聲。蘇困切。臣鉉等曰：庶物皆具丌以薦之。

《**字典**》篆文是形声字，丌（jī）为形，㔾（zhuàn）为声，丌是古时一种上为平面、下为腿的放东西的器具。本义为具备。

补正：——巽[xùn]

其构形为两个同方向跪坐的人，表示人们在开会的状态会意描写；因为开会通常是讨论问题并决策，即做出选择，故“巽”字的本义指“选（選）”。巽，现仅用为八卦符号“☴”的名称。

若[ruò]　甲骨文　金文　小篆

《**说文**》若：擇菜也。从艸、右。右，手也。一曰杜若，香艸。而灼切。

《**字典**》缺

补正：——若[ruò]

——右手象形符号。

——两个草的象形描写。

二形合在一起，表示一个人在讲话时同时伴有把手指头一根一根竖起来，一二三列数某事理由的肢体动作会意描写，若的本义指提议、建议；因为提议不一定被大家认同或接受，只能说有可能性，引申指：(1)如果、假如；(2)好像、差不多。

文[wén]

《**说文**》文：錯畫也。象交文。無分切。

《**字典**》象形字，甲骨文和金文中的“文”字像一个胸前绘有花纹的人。文的本义为“错画”，即交错刻画如同交文，即像交错的花纹样，就是文身。

补正：——文[wén]（彣）

其构形由“ᐱ”（入）和“ㄨ”（五）合体构成，本义表示编织或平面上刻出的图案、花纹，引申指文章、文化、文明等。

图[tú]

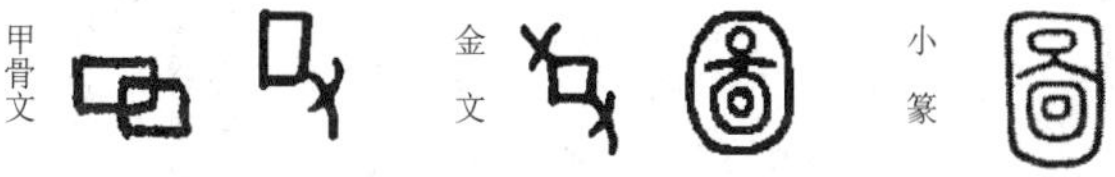

《**说文**》圖：畫計難也。从口从啚。啚，難意也。同都切。徐鍇曰：“規畫之也。故从口。”

《**字典**》会意字，繁体写作圖。本义指地图。

补正：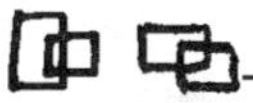——图[tú]（圖）

其构形为设计图、规划图的象形描写，另二个“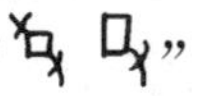”表示按设计图去完成之意；图的字义有：(1)名词：图纸、图画；(2)动词：谋取、谋划。图的多种形式反映出图的概念表达上的困难。

画[huà]书[shū]

《**说文**》畫：界也。象田四界。聿，所以畫之。胡麥切。

書：箸也。从聿者聲。商魚切。

《**字典**》画，会意字，甲骨文上部表示手握一支笔，下部是笔画出的交叉线条，合起来表示以手拿笔在纸上划交叉线条、图画；篆文上部变为“聿”（笔的古字），下面加田字；篆文又在“田”的四周分布了线条；楷书繁体字中，又省略了左、右两边的竖线；现在的画则是篆文省去上部“聿”而保留下部而来。

书，篆文是形声字，聿为形，者为声。本义为用笔写字。

补正：——画[huà]（畫）书[shū]（書）

——手持毛笔象形描写。

——缠绕的花纹象形描写。

二形合在一起，表示手拿笔描绘图案之意，后分化为二个字：(1)画，指绘画和图案；(2)书，指写字。

者[zhě]

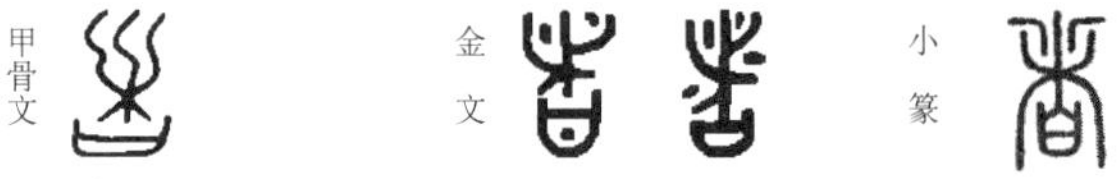

《**说文**》者：别事詞也。从白𠂭聲。𠂭，古文旅字。之也切。

《**字典**》缺

补正：——者[zhě]

——刻划的线条象形描写。

——目标符号。

二形合在一起，表示刻划或描绘出的图案就是想要表达的事物，者的本义指“这就是……”。“这”是“者”的异体字，读音与表意相同。

虔[qián]　甲骨文 　金文 　小篆 

《**说文**》虔：虎行皃。从虍文聲。讀若矜。渠焉切。臣鉉等曰：文非聲。未詳。

《**字典**》形声字，虍（hū）为形，文（音读像“矜”字）为声。本义为老虎行走的样子。

补正：——虔[qián]

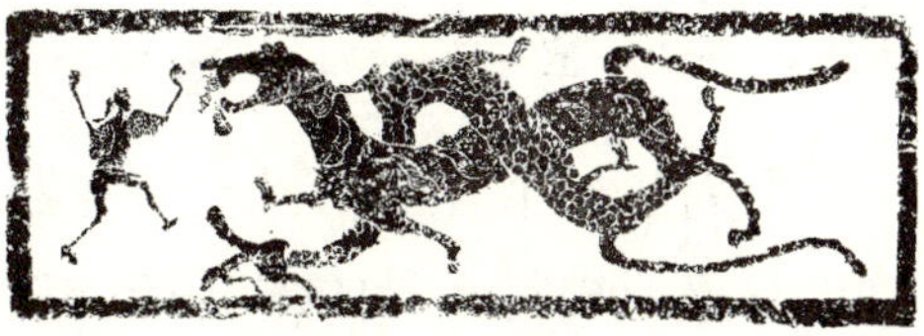

——虎头象形符号。

——花纹象形符号。

二形合在一起，本义表示虎纹，因为老虎是令人畏惧的动物，故虔指因畏惧心理而表现出谨慎、恭敬的态度。

吝[lìn]　甲骨文 　金文 　小篆 

《**说文**》吝：恨惜也。从口文聲。《易》曰：“以往吝。”良刃切。

《**字典**》形声字，口为形，文为声。本义为舍不得。

补正：——吝[lìn]

——文，编织符号，这里指裂纹。

——口，这里表示整体或缺口。

二形合在一起，表示完整的器物上有了裂纹或缺口，但还能用。本义指节约、爱惜，引申指吝啬。

易[yì] 甲骨文 金文 小篆 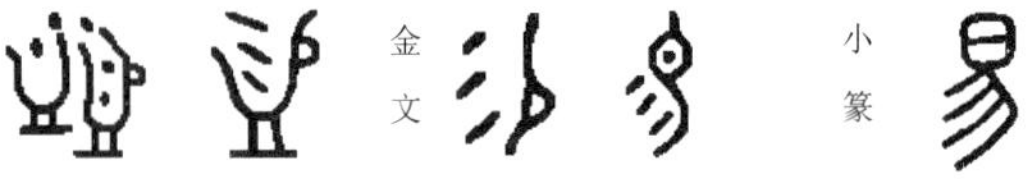

《**说文**》易：蜥易，蝘蜓，守宫也。象形。《祕書》說：日月爲易，象陰陽也。一曰从勿。羊益切。

《**字典**》甲骨文是象形字，像蜥蜴的样子。本义指蜥蜴，后本义消失，常用义为容易。

补正：——易[yì]

其构形为从一个容器向另一个容器倒谷物的状态象形描写，易的本义指以货换货，由所有权转换引申指“变化、改变、简单”等意。

平[píng] 金文 小篆 

《**说文**》平：語平舒也。从亏从八。八，分也。爰禮説。符兵切。

《**字典**》篆文是会意字，由表示气息平直地舒出的亏（yú，隶变后写作于）和表示均分的八两部分组成，意思是均分则平舒；古文字中的平字由两个不字上下组合而成。本义为语气平直舒缓。

补正：——平[píng]

其构形为古时用于称重的天平象形描写（见图），由天平称重的过程引申指：⑴平定、平息，再引申指和平、平常；⑵平衡、平均、平坦、平静。

质[zhì]

金文　小篆

《说文》質：以物相贅。从貝从斦。闕。之日切。

《字典》繁体写作質，是形声字，贝为形，斦（zhì）为声。本义为典当，即用财物或人作抵押换钱。

补正：——质[zhì]（質）

——多个贝的象形描写。

——斤，斧子象形符号。

二形合在一起，本义表示贝（货币）和斧头两种不同事物之间交换时所具有的价值相等的属性，引申指：(1)本质、资质、人质；(2)对证、对质、质问。

得[dé]

甲骨文　金文　小篆

《说文》得：行有所得也。从彳导聲。多則切。

《字典》会意字，甲骨文由又和贝组合而成，表示用手拿贝，意指有所收获；后增加彳（chì）旁，表示行走时有所得；一说是形声字，彳为形，导为声。本义为取得、获得。

补正：——得[dé]

——道路象形符号。

——贝壳象形符号，指货币。

——右手象形符号，表示劳动和获取。

三形合在一起，本义表示通过劳动所得、获得才是正道。该字体现中国传统的价值观。

贮[zhù]

甲骨文　小篆

《**说文**》貯：積也。从貝宁聲。直吕切。

《**字典**》繁体貯是形声字，贝为形，宁（zhù）为声；有人认为是会意兼形声字，由贝和表声的宁两部分组合而成，宁（zhù）的本义是橱，用来分类存放东西，与贝合起来表示在箱柜之中收藏财物。本义为藏、贮藏。

补正：——贮[zhù]（貯）

——席子象形符号，表示静止。

——贝壳象形符号，表示货币。

二形合在一起，本义表示存钱。

责[zé]

甲骨文　金文　小篆

《**说文**》責：求也。从貝朿聲。側革切。

《**字典**》篆文是形声字，贝为形，朿（cì）为声；后来声符朿发生形变，这个字于是写作责。本义为索取。

补正：——责[zé]（責）

——朿，荆棘象形符号，这里指刑罚。

——贝，贝壳象形符号，表示货币。

二形合在一起，本义表示古时征税或罚款，引申指：(1)索取、索要；(2)要求、督促；(3)责任、职责；(4)责备、批评。

贼[zéi]

金文  小篆 

《说文》賊：敗也。从戈則聲。昨則切。

《字典》金文和篆文是会意字，由贝、刀和戈三个字组合而成，表示用刀或戈毁贝壳；有人认为是形声字，戈为形，则为声。本义为毁灭、伤害。

补正：——贼[zéi]（賊）

——贝壳象形符号，指金钱。

——像镰刀的古代兵器，指武力。

——蹲着或趴着的人象形描写。

三形合在一起，本义表示用武力抢夺财物的人，后指偷窃之人。

则[zé]

金文   小篆 

《说文》則：等畫物也。从刀从貝。貝，古之物貨也。子德切。

《字典》会意字，由表示古代货币的贝和刂（刀）两部分组成，表示按照一定的形制和重量区分货币；古文左部写作上下两个贝字；籀文左部写作鼎；金文由左部的一个鼎或两个鼎与右部的刀组成，指按照一定的规范在鼎上刻字。

补正：——则[zé]（則）

——两个鼎的象形描写，后演化为贝。

——刀的象形符号。

二形合在一起，本义表示按样做，引申指：(1)名词，规则、法则；(2)动词，按照、效法、遵照；(3)连词“那么……就”；(4)副词“就、就是”。

捋[lǚ]

甲骨文  金文  小篆 

《**说文**》捋：取易也。从手寽聲。郎括切。

《**字典**》形声字，扌为形，寽（lǜ）为声；寽本义指用手的五指抓取东西，后加扌旁写作捋。本义为用手摘取。

补正：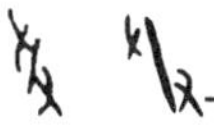——捋[lǚ]

其构形为一个人用左右两只手将长条状物体拉直理顺的动作会意描写。

卷[juǎn]巷[xiàng]

甲骨文  金文  小篆 

《**说文**》卷：厀曲也。从卪弄聲。居轉切。

巷：里中道。从䣛从共。皆在邑中所共也。胡絳切。

《**字典**》卷，篆文是形声字，卪为形，表示与骨关节有关，上“釆”下“廾”为声符，读作 juàn；声符兼表义，表示卷曲。本义指膝关节的后部。

巷，古文字是会意字，表示在城邑中，人们共同经过的地方。本义指古代住宅区里面的胡同。

补正：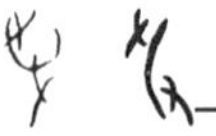——卷[juǎn]（捲）巷[xiàng]

其构形为用双手将东西卷起来的状态会意描写，后分化为二个字：(1)卷；(2)巷，弯曲的小路。

挖[wā]

甲骨文　金文

《说文》缺

《字典》缺

补正：——挖[wā]

——房子（窑洞）象形符号。

——手持锄头象形描写。

二形合在一起，表示挖洞。

克[kè]

甲骨文　金文　小篆

《说文》克：肩也。象屋下刻木之形。苦得切。徐鍇曰：“肩，任也。負何之名也。與人肩膊之義通，能勝此物謂之克。”

《字典》篆文中是会意字，上部是高（省略下面的冋），下部是尸（表示与人有关），合起来表示使物体处于高于人的位置，即放在肩上。本义为肩任即用肩承担；一说甲骨文和金文都是人穿戴甲胄的样子，因此本义为战胜、打败对方。

补正：——克[kè]（剋）

其构形由“”（矛）和“”（口）合体构成，表示矛刺入物体后的状态会意描写；克的本义指刺穿，引申指战胜、克服，其读音源自于矛刺入物体时发出的“喀”声。

兵[bīng]

甲骨文  金文  小篆 

《**说文**》兵：械也。从廾持斤，并力之皃。補明切。

《**字典**》会意字，小篆的兵字，上面是“斤”（即斧子），下面是双手。本义指作战用的武器。

补正：——兵[bīng]

——干，树干的象形描写，这里指长棍子。

——双手的象形描写，这里指职业、专职。

二形合在一起，表示职业军人，即持叉子或棍子的士兵。另一个“”（兵），表示持斧头的士兵。

戒[jiè]

甲骨文  小篆 

《**说文**》戒：警也。从廾持戈，以戒不虞。居拜切。

《**字典**》会意字，由廾（収）、戈两个字构成，会一个人双手拿着武器（戈）之意。

补正：——戒[jiè]

——戈，像镰刀的长柄兵器。

——双手象形描写。

二形合在一起，本义表示手拿武器警惕防备，引申指不许靠近、阻止。

戋[zhàn]

甲骨文  金文  小篆 

《说文》戋：賊也。从二戈。《周書》曰：“戋戋巧言。”昨千切，當切：昨干切。徐鍇曰：“兵多則殘也，故从二戈。”

《字典》缺

补正：——戋[zhàn]（戋）

——手持盾牌和戈的状态象形描写。

——手持盾牌和戈的状态象形描写。

二形合在一起，表示两个手持盾牌和戈的士兵格斗时兵器碰撞在一起的状态会意描写；戋的本义指战斗、战争，引申指硬碰硬的撞击，其构形表意见图。

蔑[miè]

甲骨文  金文  小篆 

《说文》蔑：勞目無精也。从苜，人勞則蔑然；从戍。莫結切。

《字典》会意字，甲骨文的字形，上面突出人的眉目表示人，下面为戈，金文将戈移至右边，合起来表示以戈击人；篆文将下的“伐”讹为“戍”，写作蔑。本义为杀伐、灭杀。

补正：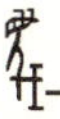——蔑[miè]

——眼睛乱看的人象形描写，表示傲慢、不驯服。

——兵器戈象形符号。

二形合在一起，表示用兵器戈击杀不驯服的人，读音与“灭”相同；该字的构形反映出中国传统文化中“犯上”是绝对不允许的行为。蔑现在的字义为轻视、看不起。

识[shí]

金文 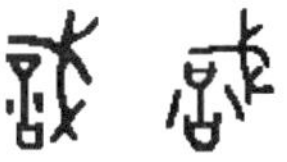 小篆 

《**说文**》識：常也。一曰知也。从言戠聲。賞職切。

《**字典**》缺

补正： ——识[shí]（識）

——舌，这里表示说话，表音兼表意。

——戈，像镰刀的长柄兵器象形描写。

二形合在一起，表示盘问、盘查；识的本义指分辨出。

耿[gěng]

金文  小篆 

《**说文**》耿：耳箸頰也。从耳，烓省聲。杜林説：耿，光也。从光，聖省。凡字皆左形右聲。杜林非也。古杏切。徐鍇曰：“凡字多右形左聲，此説或後人所加，或傳寫之誤。”

《**字典**》形声字，耳为形，烓（省略圭）为声。本义为耳朵紧贴在脸颊上。

补正： ——耿[gěng]

——耳朵象形符号。

——火焰象形描写。

二形合在一起，表示性格急躁、一听就上火的人会意描写，引申指性格刚直、刚烈，再引申指做事光明正大。

取[qǔ]

甲骨文　　金文　　小篆

《**说文**》取：捕取也。从又从耳。《周禮》："獲者取左耳。"《司馬法》曰："載獻聝。"聝者，耳也。七庾切。

《**字典**》会意字，甲骨文由耳和又（手）组合而成。本义为古代捕获到战俘或野兽时割取其左耳。

补正：——取[qǔ]

——耳，耳朵象形符号。

——又，右手象形符号。

二形合在一起，表示能听从或接受别人的意见、建议。

圣[shèng]

甲骨文　　金文　　小篆

《**说文**》聖：通也。从耳呈聲。式正切。

《**字典**》繁体写作聖，是形声字，耳为形，呈为声。本义为听觉灵敏。

补正：——圣[shèng]（聖）

——口，这里表示事迹、传说。

——耳，耳朵象形符号。

——侧立行走之人象形描写。

三形合在一起，本义表示仅凭用耳朵听别人说就能知道事情的全部真相，即聪明和有智慧之意。后指在某一领域有着最高成就的人，如医圣、兵圣、文圣等，是智慧和道德的化身。

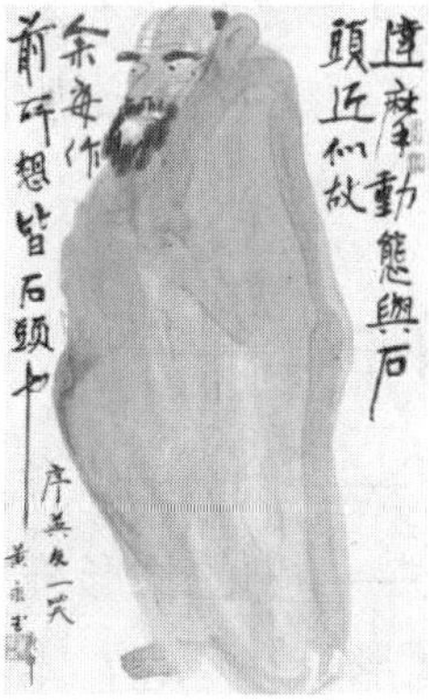

足[zú]胥[xū]

甲骨文  金文  小篆 

《说文》足：人之足也。在下。从止、口。即玉切。徐鍇曰：“口象股脛之形。”

胥：蟹醢也。从肉疋聲。相居切。

《字典》足，甲骨文是象形字，上边像人的膝盖形，下边像人的脚形；篆文是会意字，由止和口两部分组成。

胥，形声字，月（肉）为形，疋（shū）为声。本义指蟹酱；另一义指古代的小官。

补正：——足[zú]胥[xū]

其构形为脚和腿连在一起象形描写，本义指腿脚有力、善跑。后分化为二个字：⑴足，由能行引申指满足；⑵胥，由善跑的侦查兵引申指为官府跑腿的小吏，再引申指“视察、查看”。

逆[nì]

甲骨文  金文  小篆 

《说文》逆：迎也。从辵屰聲。關東曰逆，關西曰迎。宜戟切。

《字典》形声兼会意字，辶为形，屰（nì）为声，屰兼表义；一说会意字，古文字中的逆字，状似迎接一个从外面走进来的人的样子。本义为迎接。

补正：——逆[nì]

——倒立的人象形描写。

——脚的象形符号。

二形合在一起，本义表示倒立的人，引申指反叛。

舛[chuǎn]

甲骨文  金文  小篆 

《说文》舛：對卧也。从夊干相背。昌兖切。

《字典》小篆是会意字，由夊（suī）和干（kuǎ）两部分组成，像朝着左右相对反方向的两只脚。本义表示两个人相对而卧，一说指两个人相背对，引申为相违背的意思。

补正： ——舛[chuǎn]

其构形为左右交叉的双脚象形描写，本义指不顺。

之[zhī]

甲骨文 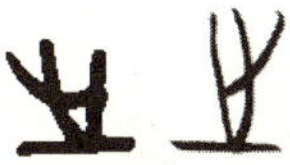 金文  小篆 

《说文》之：出也。象艸過中，枝莖益大，有所之。一者，地也。止而切。

《字典》会意字，甲骨文由两部分组成，一为表示向外迈出的脚的符号，一为表示出发的地方的“一”字，合在一起表示从这个地方去别的地方。

补正：——之[zhī]

——脚的象形符号。

——平面符号。

二形合在一起，本义表示脚踩或站立的地方，因为古人遵循谁先到归谁的原则，故之的字义有：(1)属于……的；(2)指代人和物。

乏[fá]

甲骨文  金文  小篆 

《**说文**》乏：《春秋傳》曰：“反正爲乏。”房法切。

《**字典**》篆文是会意字，是“正”字的反写。本义指一切不正的东西。

补正：——乏[fá]

其构形为左脚上加指示符号构成，表示一只歪斜的脚，其构形表意源自于军队训练时“稍息”的姿态，引申指：(1)疲惫、疲乏；(2)缺少、缺乏。

是[shì]

甲骨文  金文   小篆 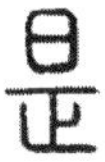

《**说文**》是：直也。从日、正。承旨切。

《**字典**》篆文是会意字，由日和正两个字构成，表示以太阳为标准会正而不偏、直而不曲。本义为正、不偏斜。

补正：——是[shì]

 ——之，脚踩的地方。

 ——曰，目标符号。

二形合在一起，本义表示“同意的站起来”或“同意的站到这边”之意，引申指“正确的、对的”，是与非相对。

寺[sì]

甲骨文  金文  小篆 

《说文》寺：廷也。有法度者也。从寸之聲。祥吏切。

《字典》金文是形声字，又（手）为形，之为声。本义为手持、拿着，此义后加扌旁写作持，寺字则假借指官吏办公的场所，即官署。

补正：——寺[sì]

——之，这里表示站立。

——右手象形符号。

二形合在一起，表示举起的右手，肢体语言为同意、支持，读音与“是”同。由古时议事都在公共场所进行，引申指政府办事机构，再引申指对公众开放的寺院、寺庙。

蚩[chī]

甲骨文  金文 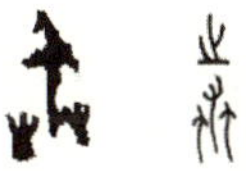 小篆 

《说文》蚩：蟲也。从虫之聲。赤之切。

《字典》甲骨文是会意字，由表示人的脚的止和表示蛇的虫两部分组成，合起来的意思表示人被蛇咬了，引申为有灾祸的意思；小篆是形声字，虫为形，之为声。本义指一种昆虫；常用义是痴呆、傻。

补正：——蚩[chī]

——脚的象形描写。

——蛇的象形描写。

二形合在一起，表示蛇直立起上身发动攻击时的状态会意描写（见图）；字的读音源自于蛇攻击时发出声音的拟音，蚩的本义指凶狠好斗；人们惧怕蛇是因为蛇的毒牙和突然袭击，一旦发现蛇，人和蛇对峙时，蛇自然不是人的对手，蚩后引申指呆傻、好欺负、讥笑等意。

登[dēng] 甲骨文 小篆

《**说文**》登：上車也。从癶、豆。象登車形。都滕切。

《**字典**》会意字，表示两人捧着盛放食物的一种高脚盘向神供奉的意思。

补正：——登[dēng]

——二只并列的脚象形描写。但如果仔细观察，其构形还原出来就是“”，这不是正常站立的双脚，而是正常站立身体扭转 180 度后才有的双脚构形，这里表示转身面对众人（观察者）。

——豆，高脚杯象形描写，这里表示奖杯。

二形合在一起，表示获胜者站在前面面对众人的状态会意描写；由于获胜者通常都要站到台上让大家认识，故登有站在高处的意思。

先[xiān] 甲骨文 金文 小篆

《**说文**》先：前進也。从儿从之。穌前切。臣鉉等曰：之人上，是先也。

《**字典**》在古文字中是会意字，由止和儿（rén）组成，表示人向前迈进。基本义是走在前面。

补正：——先[xiān]

——脚的象形符号。

——睡觉的人象形描写。

二形合在一起，表示别人还在睡觉时他已经起来了，先的本义指早醒、早觉悟，引申指领先。

咎[jiù]

甲骨文  小篆 

《**说文**》咎：灾也。从人从各。各者，相違也。其久切。

《**字典**》古文是会意字，由人字和各字构成，表示人各不相同，彼此易发生矛盾冲突。本义指灾殃、凶祸。

补正：——咎[jiù]

——返回的脚象形符号。

——外出之人象形描写。

二形合在一起，表示不许这个人外出，其情形与小孩犯了错被惩罚待在家里不许出去玩一样，咎本义指“犯错被罚”。

此[cǐ]

甲骨文  金文  小篆 

《**说文**》此：止也。从止从匕。匕，相比次也。雌氏切。

《**字典**》会意字，由代表脚的止和人两个部分组合而成，像一个人站立不动的样子。本义指人停止及停止的地方。

补正：——此[cǐ]

——左脚象形符号，表示外出。

——返回之人象形符号。

二形合在一起，表示一个人外出到了某地就返回了，即到此为止不再向前之意，引申指“这里、这样”。

沈[shěn]

金文　小篆

《**说文**》沈：陵上滈水也。从水冘聲。一曰濁黕也。直深切，尸甚切。臣鉉等曰：今俗别作沉，冗不成字，非是。

《**字典**》形声字，氵为形，冘（yín）为声。本义指污浊的沉淀物；另一义指山岭上低洼处的积水。此二义均读作 chén。

补正：——沈[shěn]

——河流象形符号。

——由“”（人）和“”（固定符号）组合构成。

二形合在一起，表示河水已经淹没到了人的脖子部位，本义指水深，后这个含义被“深”字代替，“沈”现只用于姓氏。

沉[chén]

甲骨文　金文

《**说文**》缺

《**字典**》形声字，氵为形，冗（yín）为声；一说在甲骨文中是象形字，字形状似一头牛浸没在河流中，表示沉没的意思，这是一种古代的祭礼形式，即把牲牛沉于河中以祭神；金文则又变成形声字，氵为形，冘为声。本义为没于水中。

补正：——沉[chén]

——河流象形符号

——倒立的人象形描写

二形合在一起，表示一个人因溺水而落入水下，“沉”有不再浮出的意思，引申指：(1)沉重；(2)迷恋、沉溺。

敢[gǎn]

甲骨文  金文  小篆 

《**说文**》敢：進取也。从𠬪古聲。古覽切。

《**字典**》甲骨文像人手持猎叉迎面刺击野猪之形；金文是形声字，形符由于（又）和省写的豕（或说代表动物）组成，猎叉省略掉了，变为赤手捉动物，表示人勇敢，声旁为甘。本义为勇于进取。

补正：——敢[gǎn]

金文 敢

——反复挥舞的刀会意描写。

——左脚象形符号。

二形合在一起，表示士兵左脚向前迈进挥刀砍杀时的状态会意描写（见图），敢的本义指勇敢。另一个“”（敢），表示挥刀砍杀时伴随着喊声的状态会意描写，其中的“口”表示喊声。

严[yán]

金文   小篆 

《**说文**》嚴：教命急也。从吅厰聲。語杴切。

《**字典**》形声兼会意字，繁体写作嚴，吅（xuān）为形，厰（yín）为声兼表严峻之义；古文写作㘙。本义为督教的命令紧急。

补正：——严[yán]（嚴）

——口，这里表示口令。

——广，宽敞的大厅象形描写。

——敢，手持刀砍杀并伴随喊声。

三形合在一起，表示士兵在军营中进行军事训练的状态会意描写；军事技能训练以要求严格著称，因此严的本义指严格。

虞[yú]　甲骨文　小篆

《**说文**》虞：騶虞也。白虎黑文，尾長於身。仁獸，食自死之肉。从虍吴聲。《詩》曰："于嗟乎，騶虞。"五俱切。

《**字典**》形声字，虍（hū）为形，吴为声。本义为驺虞。

补正：——虞[yú]

——虎头象形符号，表示威严、严厉。

——允，表示官员。

二形合在一起，本义表示有虎纹标志的军官，引申指作风严厉的官员。

台[tái]　甲骨文　金文　小篆

《**说文**》台：説也。从口㠯聲。與之切。

《**字典**》篆文读作 yí，是形声字，口为形，㠯（yǐ，后隶变为"厶"）为声。本义与表喜悦的说（yuè）同，此意后写作怡。在古代，台与繁体臺是两个字。篆文中的臺（tái）是由至、之和高字的省略构成的会意字，本义指台观（guàn），即高耸出地面的四方形土建筑。

补正：——台[tái]（臺）

——云下半部分符号，表示高处和官员。

——口，这里指地方。

二形合在一起，表示高出地面的台子。

乔[qiáo] 甲骨文 金文 小篆

《说文》喬：高而曲也。从夭，从高省。《詩》曰：“南有喬木。”巨嬌切。

《字典》会意字，繁体写作喬，由夭和髙（高字省略一点一横）上下组合而成，表示高而上曲之义。本义为高耸。

补正：——乔[qiáo]（喬）

其构形为双脚踩着高跷走路的人象形描写（见图）；乔的文字含义有：(1)高而歪；(2)由人看起来高但并非真的高引申指伪装、假装。

岁[suì] 甲骨文 金文 小篆

《说文》歲：木星也。越歷二十八宿，宣徧陰陽，十二月一次。从步戌聲。律歷書名五星爲五步。相鋭切。

《字典》繁体写作歲，是形声字，步为形，戌为声。本义指岁星。

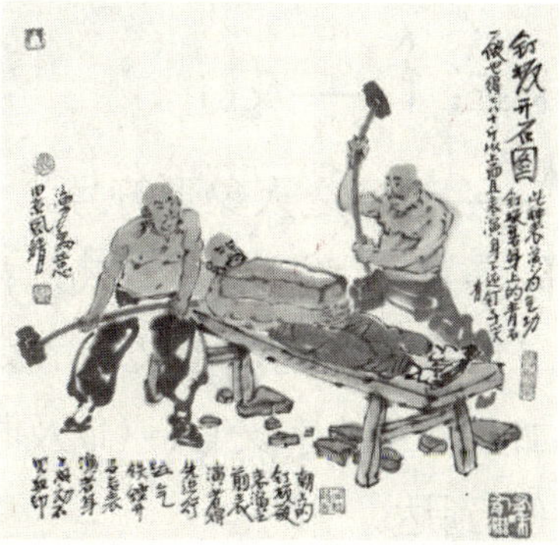

补正：——岁[suì]（歲）

——钺，宽刃大斧象形描写。

——二点表示切断的意思。

二形合在一起，本义表示用斧剁断、截断之意，其读音与“碎”相同；因为时间是连续的，人们将时间人为的按年划分，称一年为一岁。

君[jūn]

甲骨文　　小篆

《**说文**》君：尊也。从尹。發號，故从口。舉云切。

《**字典**》会意字，由尹和口上下组合而成，尹表示掌握权力者，口表示发号施令。本义指帝王和诸侯，与“臣”相对。

补正：——君[jūn]

——手持棍子象形描写，表示看护、管理。

——口，这里表示地区。

二形合在一起，本义表示管理一个地区的最高长官、国君；后用在人名之后表示尊称。

及[jí]

甲骨文　　金文　　小篆

《**说文**》及：逮也。从又从人。巨立切。徐鍇曰：“及前人也。”

《**字典**》会意字，由又（手）和人组合而成，表示走在后面人的手接触到了前面的人。

补正：——及[jí]

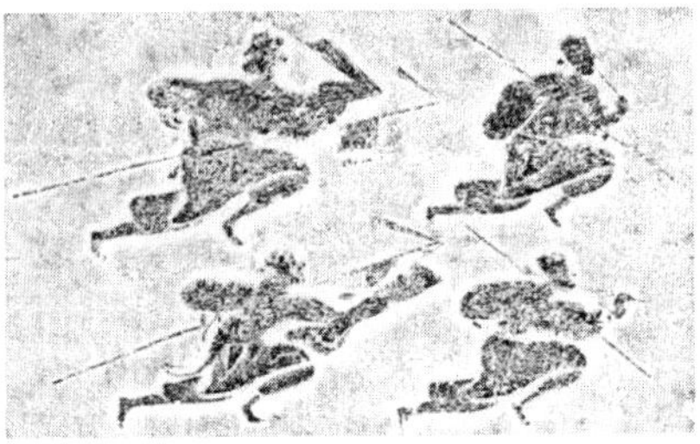

——返回之人象形符号。

——左手象形符号，表示帮助。

二形合在一起，本义表示支援的人赶到并加入，及的字义有：(1)及时；(2)和，同；(3)到达。

薛[xuē]

甲骨文 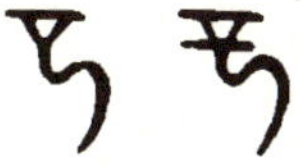 金文  小篆 

《说文》薛：艸也。从艸辥聲。私列切。

《字典》篆文是形声字，艹为形，辥（xuē）为声。

补正：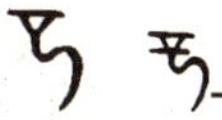——薛[xuē]

其构形为一种弯曲的刀象形描写。薛，一种草名，现用为姓氏。

勿[wù]

甲骨文  金文  小篆 

《说文》勿：州里所建旗。象其柄，有三游。雜帛，幅半異。所以趣民，故遽稱勿勿。文弗切。

《字典》甲骨文是会意字，勹像旗杆子，彡表示有三条缀在旗帜边缘上飘悬的游帛，合起来表示像士大夫树立的旗帜（游帛上颜色不一，是用来催促百姓集合的信号）；也有人认为，甲骨文的勿字右边像弓，旁边两小撇表示弓弦振动的样子。本义为引弓拨弦，后借表劝阻、禁止，作否定词。

补正：——勿[wù]

其构形为晃动的刀象形描写，表示禁止、阻止、不许。

刚[gāng]

甲骨文  金文 小篆

《**说文**》刚：彊斷也。从刀岡聲。古郎切。

《**字典**》形声字，刂为形，冈为声。一说刚在甲骨文中是会意字，由网和刀两部分组成，像用刀砍断网的样子，表示坚硬锋利的意思。刚的本义是坚硬。

补正：——刚[gāng]（剛）

——勺子象形符号。

——渔网象形符号。

二形合在一起，本义指抄网，引申指“硬”，用为副词表示时间和程度上“刚好、恰好、刚才”。

梁[liáng]

甲骨文  金文 小篆

《**说文**》梁：水橋也。从木从水，刅聲。吕張切。

《**字典**》该字在篆文中是形声字，由氵和木组成形符，表示以木跨水，刅（chuāng）作声符。本义指跨水的桥梁。

补正：——梁[liáng]（樑）

——河流象形符号，表意。

——磨的很亮、很锋利的刀象形描写，表音，读音与“亮”同。

形声字，表示河流上架起的桥梁。

切[qiē]

甲骨文  金文  小篆 

《说文》切：刌也。从刀七聲。千結切。

《字典》形声兼会意字，刀为形，七为声兼表义，切本作七。本义为切断。

补正：——切[qiē]

——瓜或水果的象形描写。

——刀的象形符号。

二形合在一起，本义表示用刀切瓜，引申指：(1)深入、透彻；(2)急迫、急切；(3)坦率、诚恳。

强[qiáng]弘[hóng]

甲骨文  金文  小篆 

《说文》强：蚚也。从虫弘聲。巨良切。徐鍇曰："弘與强聲不相近，秦刻石文从口。疑从籒文省。"

弘：弓聲也。从弓厶聲。胡肱切。厶，古文肱字。

《字典》强，异体字为強，是形声字，虫为形，弘（后演变为"弓口"）为声。本义指虫名，蚚（qí）；后用此字代彊，表示有力。

弘，形声字，弓为形，厶为声。本义指弓弦拉开后弹回时的声音；又表示宏大或高大。

补正：——强[qiáng]（強）弘[hóng]

其构形为弓上加指示符号构成，本义表示硬弓，其发音源自于弓回弹时发出声音的拟音；后分化为二个字：(1)强，本义指有力量，引申指更优秀；(2)弘，大力。

晋[jìn]

甲骨文 金文 小篆

《**说文**》晋：進也。日出萬物進。从日从臸。《易》曰：“明出地上，䇯。”即刀切，當切：即刃切。臣鉉等案：臸，到也。會意。

《**字典**》篆文是会意字，由表示到达义的臸（zhī）和日构成，合起来表示太阳出来时，万物便生长发育的意思；一说甲骨文像一束箭插在匣、函中。本义为进、向前。

补正：——晋[jìn]（晉）

——两支箭的象形描写。

——箭靶的象形描写。

二形合在一起，表示箭多次射中靶心；因为箭是远程杀伤利器，古人非常重视射箭技能训练，经常举办射箭比赛，因每中一箭都要计分，累积计分定输赢与今日射箭比赛相同，因此，晋有“晋升、晋级”之意。

宓[mì]

甲骨文 金文 小篆

《**说文**》宓：安也。从宀必聲。美畢切。

《**字典**》形声字，宀（mián）为形，必为声。

补正：——宓[mì]

——房子象形符号。

——两个标枪象形描写。

二形合在一起，表示存放武器的仓库，意思为(1)指封存；(2)因为武器库是国家的机密，引申指保密、秘密。

代[dài]　金文　小篆

《**说文**》代：更也。从人弋聲。徒耐切。臣鉉等曰：弋非聲。《説文》忒字與此義訓同，疑兼有忒音。

《**字典**》形声字，亻为形，弋为声。本义为更替。

补正：——代[dài]（见四祀其卣铭文）

——标枪象形符号，这里指派出。

——跪坐之人象形描写。

二形合在一起，表示跪坐之人的身份是被派出去办事的代表，代的本义指代替、代表。

式[shì]　金文　小篆

《**说文**》式：法也。从工弋聲。賞職切。

《**字典**》形声字，工为形，弋为声。本义指法式。

补正：——式[shì]

——手持标枪会意描写。

——固定符号。

二形合在一起，表示手持标枪练习投掷动作（但标枪并不投出）的状态会意描写，本义指身体姿势、姿态，引申指样式、方式。

戚[qī] 甲骨文  金文  小篆 

《说文》戚：戉也。从戉尗聲。倉歷切。

《字典》形声字，戉（yuè）为形，尗（shū）为声。本义指古代斧钺类的兵器；假借义指忧愁，后此义写作“慼”“慽”。

补正：——戚[qī]（慼）

——标枪抛出去的会意描写。

——手持标枪象形描写。

二形合在一起，本义表示一个人把标枪抛起来再接住的连续动作会意描写。亲戚，指经常来往的亲人。

叔[shū] 金文   小篆 

《说文》叔：拾也。从又尗聲。汝南名收芌爲叔。式竹切。

《字典》形声字，又为形，尗（shū）为声。本义为捡拾，其假借义指父亲的弟弟。

补正：——叔[shū]（村）

——手持标枪多次投出的会意描写。

——右手象形符号，这里表示完成。

二形合在一起，本义表示对标枪击中目标次数的计数，(1)拾取、捡取；(2)借指对父亲弟弟的称谓。

京[jīng]

甲骨文　金文　小篆

《说文》京：人所爲絶高丘也。从高省，丨象高形。舉卿切。

《字典》篆文是会意字，由一竖和高字（省略下面的口）组合而成，一竖表示极高之形。本义指人工筑成的最高的土丘；作名词用时指大谷仓。

补正：——京[jīng]

——高，有高大台基的建筑象形描写。

——祭台或供桌象形符号。

二形合在一起，表示有高大建筑和进行国家祭祀的地方，即首都之意。

就[jiù]

甲骨文　小篆

《说文》就：就，高也。从京从尤。尤，異於凡也。疾僦切。

《字典》会意字，由表示高丘的京字和表示不同寻常的尤字两部分组成。本义为到地势高的地方居住。

补正：——就[jiù]

——突出人的手象形描写。

——京，祖庙所在地。

二形合在一起，表示一个人站在庙堂之上演讲或发布命令会意描写；就的本义指任职、就位，引申指成就、接受。

庙[miào]

金文 小篆

《**说文**》廟：尊先祖皃也。从广朝聲。眉召切。

《**字典**》繁体写作廟，是形声字，广（yǎn）为形，朝为声；金文还写成庿。本义是指供祭祖宗神位处，后泛指供祭神佛或人名之处。在古代又是议政、行礼的地方，引申指朝廷。

补正：——庙[miào]（廟）

——有三面墙的大房子象形描写。

——朝，海水涨潮象形描写。

二形合在一起，表示在太阳升起前的黎明时分人们一起到（供放祖先神位的）大房子中去朝拜祖先或神灵的状态会意描写，庙的本义指用于祭拜的大厅。

拜[bài]

甲骨文 金文 小篆

《**说文**》拜：首至地也。从手、𠦪。𠦪音忽。博怪切。徐鍇曰：“𠦪進趣之，疾也，故拜从之。”

《**字典**》会意字；篆文上部是合拢的双手之形，下部一横一竖，是个“下”字，由“双手”和“下”会意下拜的意思。

补正：——拜[bài]

——弯腰的人象形描写。

——这里指两只手上下重复摆动。

二形合在一起，表示双手合掌作揖并鞠躬的动作会意描写，表示尊敬、感谢并祈求保佑的肢体语言。

烟[yān]

金文  小篆 

《**说文**》烟：火气也。从火垔聲。烏前切。

《**字典**》形声字，火为形，因为声；篆文写作煙，也是形声字，火为形，垔为声。本义指燃烧时产生的气状物。

补正：——烟[yān]（煙）

——房子象形符号。

——由“”（西）和“”（火的象形描写）构成，表示缓慢燃烧但没有火苗的火。

——祭台或供桌象形符号。

三形合在一起，表示缓慢燃烧的香象形描写。本义指祭祀时的上香活动。

巫[wū]

甲骨文 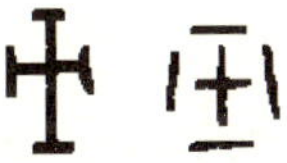 小篆 

《**说文**》巫：祝也。女能事無形，以舞降神者也。象人兩褎舞形。與工同意。古者巫咸初作巫。武扶切。

《**字典**》象形字，甲骨文像两玉交错。本义指巫祝，即专以装神弄鬼替人祈祷为业者。

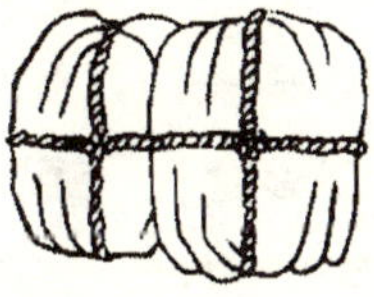

补正：——巫[wū]

其构形由两个固定符号“”和“”重叠构成，本义表示捆绑结实、牢靠，引申指用意念对人的思想、行为进行控制，即巫术。

蛊[gǔ]

甲骨文  小篆 

《**说文**》蠱：腹中蟲也。《春秋傳》曰：“皿蟲爲蠱。”“晦淫之所生也。”臬桀死之鬼亦爲蠱。从蟲从皿。皿，物之用也。公户切。

《**字典**》会意字，繁体字写作蠱，由蟲和皿上下组合而成，表示器皿中有很多虫子。

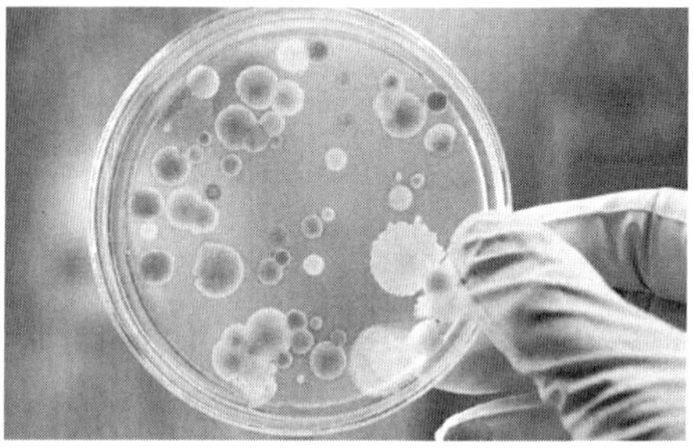

补正：——蛊[gǔ]（蠱）

——虫、蛇的象形描写。

——皿，器皿象形描写。

二形合在一起，本义表示食物放久了以后产生的霉变，由毒性引申指表面看不出来的不良用心、诱惑，后指巫术中用来害人的东西。

旧[jiù]

甲骨文  金文  小篆 

《**说文**》舊：鴟舊，舊留也。从萑臼聲。巨救切。

《**字典**》繁体写作舊，是形声字，萑为形，臼为声。本义指猫头鹰。

补正：——旧[jiù]（舊）

——猫头鹰象形描写。

——臼，捣物的容器象形描写，表音兼表意。

二形合在一起，表示猫头鹰有常年使用同一个窝的生活习性，旧的本义指用过的。

奋[fèn] 甲骨文  金文  小篆 

《说文》奮：翬也。从奞在田上。《詩》曰："不能奮飛。"方問切。

《字典》会意字，古文字由奞（xùn，奞也是会意字，隹的意思是鸟，大意指鸟在张开翅膀后，形体看上去大了许多）和田两个字组成，奞表示鸟张开翅膀准备起飞，田代表空旷的田野，合起来表示鸟展翅高飞于田野上空。本义为鸟振翅飞翔。

补正：——奋[fèn]（奮）

——展开的衣服象形描写。

——隹，鸟的象形描写。

——田，农田或鸟巢的象形描写。

三形合在一起，表示鸟展开翅膀从地面或巢中起飞时的状态会意描写；引申指情绪上的高亢、兴奋。

夺[duó] 金文  小篆 

《说文》奪：手持隹失之也。从又从奞。徒活切。

《字典》会意字，繁体写作奪，上半部奞是鸟欲飞状（汉字奞部指鸟），下边寸是"又"，即是手，合起来是鸟要从手上飞去。本义为失去。

补正：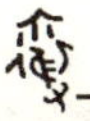——夺[duó]（奪）

——展开的衣服象形描写。

——鸟的象形描写。

——这里表示鸟嘴多次叨。

——右手象形描写，这里指鸟爪。

几形合在一起，表示公鸡斗架时的状态会意描写，本义指争夺、争抢。

襄[xiāng]

金文  小篆 

《**说文**》襄：漢令：解衣耕謂之襄。从衣𤕦聲。息良切。

《**字典**》篆文是形声字，衣为形符，声符是一个由吅、己、工、爻四部分组成的字，读作 níng。本义为脱下或解开衣服耕种田地。

补正：——襄[xiāng]

——展开的衣服象形描写。

——花朵象形描写。

——手的象形描写。

——表示凸起的符号。

几形合在一起，本义表示在衣服或者毯子上用线绣出或编出多种花纹图案。

敖[áo]

金文   小篆 

《**说文**》敖：出游也。从出从放。五牢切。

《**字典**》会意字，由出和放两个字会出游之意。

补正：——敖[áo]

金文 敖

——头顶扎着一撮头发的儿童象形描写。

——手持鞭子象形描写，表示看护。

二形合在一起，表示儿童在大人的看护下慢慢成长的过程会意描写。

殷[yīn]

甲骨文　金文　小篆

《**说文**》殷：作樂之盛稱殷。从㐆从殳。《易》曰：“殷薦之上帝。”於身切。

《**字典**》会意字，由㐆和殳（shū）左右连接而成，表示乐舞的人拿着舞蹈器具旋转舞动的意思。本义为制作盛大乐舞。

补正：——殷[yīn]

——肚子突起的人象形描写。

——用食指指示的象形描写。

二形合在一起，本义指肥胖的人，由腰粗引申指厚实、富裕。殷人：指因营养好而身体肥胖的人，与唐朝妇女以胖为美相似（见图：商・青铜人像）。

发[fà]

金文　小篆

《**说文**》髮：根也。从髟犮聲。方伐切。

《**字典**》缺

补正：——发[fà]（髮）

——狗的象形描写。

——首，人头部象形描写。

二形合在一起，表示人的头发高高的向上卷起，就像翘起来的狗尾巴一样，在中国古代头发盘起的形状反映人的身份和地位（见图：商代青铜贵族像）。

奭[shì]

甲骨文  金文  小篆 

《说文》奭：盛也。从大从皕，皕亦聲。此燕召公名。讀若郝。《史篇》名醜。詩亦切。徐鍇曰：“《史篇》謂所作《倉頡》十五篇也。”

《字典》形声兼会意字，由大和皕（读作 bì）两部分组成；皕兼表声。本义为盛大的样子。

补正：——奭[shì]

其构形为一个挑着沉重担子或提着两桶水的人象形描写（见图），引申指承担重任《尚书·君奭》。

负[fù]

甲骨文  金文  小篆 

《说文》負：恃也。从人守貝，有所恃也。一曰受貸不償。房九切。

《字典》会意字，古文字由人和贝上下组合而成，指人的身旁有货币。本义为凭仗、仗恃。

补正：——负[fù]（負）

其构形为农村地区曾普遍存在的挑着担子走村串寨贩卖小商品的货郎象形描写(见图:户县农民画·货郎);另一个“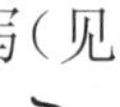”表示手中提着串在一起的东西出售的小贩象形描写。因为生意有赔有赚，故“负”的字义有：(1)肩担或背着；(2)赔钱、亏欠。

加[jiā] 甲骨文  金文  小篆 

《**说文**》加：語相增加也。从力从口。古牙切。

《**字典**》会意字，由表示有力的力和表示言语的口两部分组成，合起来表示能够震撼人或伤害人的言语。本义指诬蔑的、不实的话。

补正：——加[jiā]

——力，鞭子象形符号。

——口，这里指鞭子甩动时发出的响声。

二形合在一起，表示挥动鞭子抽打牲畜让牲畜跑得更快，由“更快”引申指“增加”的含义；其读音源自让马跑起来的指令“驾[jià]”。

差[chā] 金文  小篆 

《**说文**》差：貳也。差不相值也。从左从𠂹。初牙切，楚佳切。徐鍇曰：“左於事，是不當值也。”

《**字典**》小篆是会意字，由左和𠂹两部分组成，左指左手，𠂹是垂的古文，状似植物的花和叶子下垂之形，意指参差不齐、相背、相分离。本义指不相同、不相当，特指与正确的方面有距离；由此引申为欠缺、短少，又引申为不合标准、不如。

补正：——差[chā]

——成熟农作物象形描写。

——左手象形符号。

——固定符号。

三形合在一起，表示收割庄稼时左手抓住、右手用镰刀割取的状态会意描写，其读音[chā]源自于镰刀割断庄稼时的“嚓嚓”声。(1)由茬口不整齐引申指“乱、不好”；(2)由左手先去抓牢右手再割，引申指“派遣”。

敛[liǎn]

金文 小篆

《说文》斂：收也。从攴僉聲。良冉切。

《字典》形声字，攵（攴）为形，佥为声。本义指收聚、收整，特指征收钱财。

补正：——敛[liǎn]（斂）（见墙盘铭文）

——手持扫把象形描写。

——佥，由“”（合）和“”（米）合体构成，指堆起来的粮食。

二形合在一起，表示扬场，即用风去除谷皮后将粮食收集在一起的状态会意描写（见图：户县农民画・顺风）。

求[qiú]

甲骨文 金文 小篆

《说文》求：皮衣也。从衣求聲。一曰象形，與衰同意。巨鳩切。

《字典》古文写作裘，是象形字；甲骨文的求字像有毛的皮衣。求是裘的初文。

补正：——求[qiú]

——伸长的右手象形描写。

——两个入的象形符号，表示多次。

二形合在一起，表示把手反复伸出去索要之意，其情形犹如儿童索要糖果一般。

仁[rén]　　金文　　小篆

《说文》仁：親也。从人从二。如鄰切。臣鉉等曰：仁者兼愛，故从二。

《字典》会意字，由亻和二两部分左右组合而成，表示爱自己和他人，即同时爱“二人”；一说“二人”表示不同的人彼此相爱。

补正：——仁[rén]

——侧立行走之人象形符号。

——甲骨文云的上半部分符号。

二形合在一起，表示具有杰出才能而身份却不是元首的人（该字专为周公所造）。孔子认为一个高尚的人应当具备“仁、义、礼、智、信”五种素质，其中第一条就是“仁”，孔子对仁的解释是“仁者爱人”，并认为“仁”是中国古代人治社会施行善政的根本。

善[shàn]　　甲骨文　　金文　　小篆

《说文》善：吉也。从誩从羊。此與義美同意。常衍切。

《字典》古文字是会意字；金文由表吉祥义的羊和誩组成，合起来表示吉利话、吉祥的言辞。

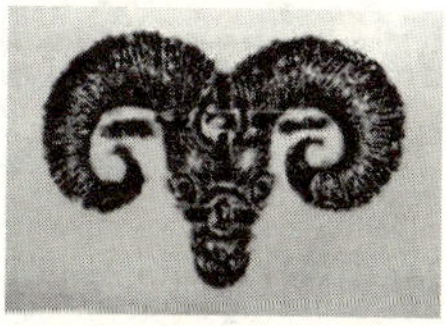

补正：——善[shàn]

——羊的象形符号。

——眼睛象形符号。

二形合在一起，表示人们从羊的眼睛中所看到的源自于天性的温和、温顺，善的本义指善良。

美[měi] 甲骨文  金文  小篆 

《**说文**》美：甘也。从羊从大。羊在六畜主給膳也。美與善同意。無鄙切。臣鉉等曰：羊大則美，故从大。

《**字典**》缺

补正：——美[měi]

——羊，羊的象形符号，象征善良、财富。

——大，高大、强壮的男人，象征力量。

二形合在一起，表示善良的人构成美的内涵。美首先是价值观，然后表现为一种影响力，使这种影响力最大化的是艺术。

义[yì] 甲骨文  金文  小篆 

《**说文**》義：己之威儀也。從我、羊。宜寄切。臣鉉等曰：此與善同意，故从羊。

《**字典**》该字的繁体写作義，是形声兼会意字，羊为形，我为声。简化写作义，本义指合宜的行为语言；还指合于道理、公正；又表示合乎正义的。

补正：——义[yì]（義）

——羊的象形符号，表示财产、善良等含义。

——我，手持镰刀收割的农民会意描写。

二形合在一起，本义表示当羊群遇到危险时，“我”必须挺身而出保护羊群的主人翁精神和敢于拼搏的勇气，后升华为维护社会正义的牺牲精神和奉献精神。“义”是中国道德文化中的刚性力量。（见图：汉画像石·義，画面中粗壮的柱子表示“義”是支撑社会这个大厦的栋梁。）

族[zú]

甲骨文　金文　小篆

《说文》族：矢鋒也。束之族族也。从㫃从矢。昨木切。

《字典》甲骨文是会意字，由㫃（yǎn）和矢两部分组成，指在旗巾之下汇聚了很多手拿弓箭的人。本义指箭头。

补正：——族[zú]

——旗帜象形符号。

——矢，表示武装、权威。

二形合在一起，箭的象形符号在这里对旗帜符号起强调和注释作用，表示旗帜的庄严、神圣；古今一样，旗帜是国家的象征，在文化心理上对旗帜的认同就是对国家的认同，因此，族的本义在这里指心理上对国家认同的人，即国民。

寇[kòu]

金文　小篆

《说文》寇：暴也。从攴从完。苦候切。徐鍇曰："當其完聚而欲寇之。"

《字典》会意字，由表示扑打、击打的攴和表示完整牢固的完两部分组成。本义为强暴、施暴，泛指侵犯、劫掠。

补正：——寇[kòu]

——房子象形符号。

——元，表示部落的首领。

——手持鞭子象形描写。

二形合在一起，表示闯入主人家中对主人的殴打或不敬，在中国圣人看来是无礼和侵犯的行为，在中国传统文化中"寇"与强盗是同等的概念。

需[xū]　甲骨文　金文　小篆

《**说文**》需：䇓也。遇雨不進，止䇓也。从雨而聲。《易》曰：“雲上於天，需。”相俞切。臣鉉等案：李陽冰據《易》“雲上於天”云：“當从天”，然諸本及前作所書皆从而，無有从天者。

《**字典**》甲骨文的字形是人被水淋湿、全身滴水的样子。本义为濡湿。

补正：——需[xū]

其构形为一个流了很多汗的人象形描写。在正常情况下人因为出力才会出汗，而出力的目的是为了满足需求、需要。

贤[xián]　金文　小篆

《**说文**》賢：多才也。从貝臤聲。胡田切。

《**字典**》繁体写作賢，是形声字，貝为形，臤（qiān）为声。本义指很有才能的（人）。

补正：——贤[xián]（賢）

——臣，仰视的眼睛象形描写。

——又，右手象形符号，表示完成、灵活等含义。

二形合在一起，表示一个人既守本分又能干。另一个金文写作“”（贤），增加了“”（贝），表示这个人能干、守本分和创造价值之意，反映了圣人对人才的评价标准和要求。

介[jiè] 甲骨文  小篆 

《说文》介：畫也。从八从人。人各有介。古拜切。

《字典》介字的形义至今不明。一说，介是界的古文，是会意字，介由人和表示分、分别的八组成，合起来表示个人守住自己的分界，介的本义为界线。一说，甲骨文的介字像一个人身着铠甲，本义为铠甲。

补正：——介[jiè]

其构形为一个人站在两条分界线之中的状态象形描写，介的本义指居中，引申指介入、介绍。

独[dú] 金文  小篆 

《说文》獨：犬相得而鬥也。从犬蜀聲。羊爲群，犬爲獨也。一曰北嚻山有獨狢獸，如虎，白身，豕鬛，尾如馬。徒谷切。

《字典》繁体写作獨，是形声字，犭为形，蜀为声。本义为一个、独自。

补正：——独[dú]（獨）（见墙盘铭文）

其构形为单腿站立之人象形描写。

迹[jì]

甲骨文　金文　小篆

《**说文**》迹：步處也。从辵亦聲。資昔切。

《**字典**》形声字，辶为形，亦为声。本义指脚印。

补正：——迹[jì]（跡）

——水珠或雨点，这里表示数量多。

——右脚象形符号，表示停留。

二形合在一起，本义表示地上留下的许多脚印，即“迹（跡）”字，甲骨卜辞“迹藏告曰土方征于我东”中用为人名，“迹藏”，推测应相当于督察官。

疏[shū]

甲骨文　金文　小篆

《**说文**》疏：通也。从㐬从疋，疋亦聲。所菹切。

《**字典**》会意字，在篆文中由㐬（tū）和疋（shū）两部分组成，疋兼表声。本义为清除阻塞，使畅通。

补正：——疏[shū]（疎）

其构形表示人走路时脚打滑的状态会意描写（其中的小点表示脚印，拉长的线条表示打滑），引申指：(1)疏忽、不小心；(2)生疏、疏远；(3)稀疏；(4)疏导、疏通。

睿[ruì]

金文 小篆

《说文》叡：深明也。通也。从𣦼从目，从谷省。以芮切。

《字典》篆文中写作叡，是会意字，由𣦼、目、谷（省略口）三部分组成；古文字写作睿，今为正体。本义为明智、英明，目光深远、通达。

补正：——睿[ruì]（叡）（见墙盘铭文）

其构形为在几条小溪交汇处筑成水坝之后形成的深而宽阔的水面象形描写；由水深而清澈引申指看问题深入和透彻。

德[dé]

甲骨文 金文 小篆

《说文》德：升也。从彳悳聲。多則切。

（悳：外得于人，内得于己也。从直从心。多則切。）

《字典》会意字，由表示行走、眼睛和心脏三部分组合而成，合起来指眼睛里可以看到人心的行为；一说是形声字，彳为形，德的右上部分为声。本义是指道德、品行，引申为信念、心愿；又指恩惠、恩德；有时用作动词，表示施予恩德或感恩戴德。

补正：——德[dé]（悳）

——道路象形符号。

——眼睛的视线集中和固定于一个目标的象形描写。

二形合在一起，本义表示眼睛看到后在头脑中形成的印象及思维活动，反映的是人的认知过程，即“认识”。

耑[duān]

甲骨文  金文  小篆 

《**说文**》耑：物初生之題也。上象生形，下象其根也。多官切。臣鉉等曰：中一，地也。

《**字典**》耑的本义指植物萌发出土的顶部。

补正：——耑[duān]

其构形为一个迎风正面站立，头发被风吹起来的人象形描写。耑的本义指风大、风急。

遄[chuán]

甲骨文  金文  小篆 

《**说文**》遄：往來數也。从辵耑聲。《易》曰：“目事遄往。”市緣切。

《**字典**》形声字，辶为形，耑（duān）为声。本义指因走山路而缩短行程和时间，引申为快速的意思。

补正：——遄[chuán]

——耑，迎风站立头发被吹起来的人象形描写。

——辶，固定组合，表示步行。

二形合在一起，表示一个人走得很快，遄的本义指急行，速度快。

道[dào]　　甲骨文　　金文　　小篆

《**说文**》道：所行道也。从辵从首。一達謂之道。徒皓切。

《**字典**》形声字，辶为形，首为声；一说道是会意字，由首字和辶组合而成，首代表头脑或首领，辶表示行走，合起来的意思是人在行走。本义指道路。

补正：——道[dào]

——道路象形符号。

——首，人头部的象形描写。

二形合在一起，有二层含义：(1)大路、正路；(2)表示头脑中形成的思路、逻辑，引申指正确的思想和观念。

导[dǎo]　　金文　　小篆

《**说文**》導：導，引也。从寸道聲。徒皓切。

《**字典**》形声字，繁体写作導，寸为形，道为声。本义为引路，泛指引导。

补正：——导[dǎo]（導）

——道路象形符号。

——首，头的象形描写。

——右手象形符号，表示控制。

三形合在一起，表示对人头脑中的思想、认识等进行掌控、指引，使之走上正确的道路。

徼[jiào]邀[yāo]

甲骨文  小篆 

《**说文**》徼：循也。从彳敫聲。古堯切。

邀：缺

《**字典**》徼，形声字，彳（chǐ）为形，敫（jiǎo）为声。本义为巡察、巡逻，读作 jiào。徼字用在“徼幸”一词中时，读作 jiǎo，今写作侥幸。

邀，形声字，辶为形，敫（jiǎo）为声。本义为中途拦截、迎。

补正：——徼[jiào]邀[yāo]

——道路象形符号。

——张望的眼睛象形描写。

——方，北斗星符号。

三形合在一起，表示一个人边走边四处张望的状态会意描写，后分化为二个字：(1)徼，由四处巡视引申指：①边境、边界，②奉承、迎合；(2)邀，本义指去请再陪同来。

爰[yuán]

甲骨文 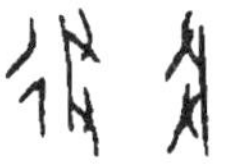 小篆 

《**说文**》爰：引也。从𠬪从于。羽元切。

《**字典**》会意字，甲骨文上面像一只手抓住棍棒的一头，下面像另一只手抓住另一头，表示拉、引；篆文写作爰，由表示相引之义的𠬪和表示所引之物的千会意而成。本义为援引。

补正：——爰[yuán]

——道路象形符号。

——两只同方向的右手象形描写。

二形合在一起，表示众人一起用力拉绳子的状态会意描写，本义指“援”，引申指帮助、援助。

衡[héng]　金文　小篆

《说文》衡：牛觸，横大木其角。从角从大，行聲。《詩》曰：“設其楅衡。”户庚切。

《字典》初文是会意字，由表示牛角的角和大木头的大两部分组成，合起来表示牛角上的大木头；隶变之后，写作衡。本义指绑在牛角上以防其顶人的横木。

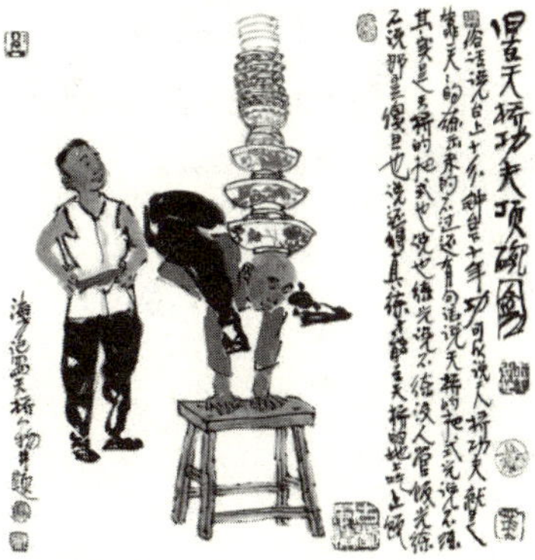

补正：——衡[héng]

——十字路口象形符号。

——代表上尖下大的指针形标尺。

二形合在一起，表示指针指向的移动，本义指测量、计量。(1)由测量的过程引申为动词“比较、较量”；(2)由测量用的标杆、标尺引申为名词“秤杆、秤”；(3)由测量时的寻找水平之意，引申为“平衡、抗衡”。

送[sòng]　甲骨文　金文　小篆

《说文》送：遣也。从辵，俗省。蘇弄切。

《字典》小篆是会意字，由辶和倂（yìng）省略亻旁两部分组成。本义为送亲。

补正：——送[sòng]

——固定组合，表示步行。

——双手向外推会意描写。

二形合在一起，肢体语言为告别、送行，引申指送给、赠予。

遗[yí]

金文　小篆

《**说文**》遺：亾也。从辵貴聲。以追切。

《**字典**》形声字，辶为形，贵为声。本义为亡失。

补正：——遗[yí]（遺）

——送。

——贝，古代货币。

二形合在一起，表示赠送财物之意，引申指留下。

奢[shē]

甲骨文　金文　小篆

《**说文**》奢：張也。从大者聲。式車切。臣鉉等曰：今俗作陟加切。以爲奓厚之奓，非是。

《**字典**》形声字，大为形，者为声。本义为张大。

补正：——奢[shē]

金文 奢

该字由“大”和“豕”构成，但现有的汉字形体中没有这个字，如果单纯追求形似，这个字如何界定便失去了依据。其实这个字就是“奢”字，因为豕[zhì]与“者”的读音在陕西话中相同，故文字由会意字向形声字演化过程中用“者”代替了“豕”，如“猪”字，陕西关中方言仍将“猪”读为[zhī]；奢的本义指夸富，引申指浪费（见图：户县农民画·夸富）。

甾[zī]由[yóu]

甲骨文  金文  小篆 

《**说文**》甾：東楚名缶曰甾。象形。側詞切。

由：缺

《**字典**》甾，古文字是象形字，形似古代一种口大颈细的陶器。隶变以后写作甾，本义指古代用来盛酒的一种陶器，又称缶。

由，构形和本义均不清楚。基本义为经历、经由。

补正： ——甾[zī]由[yóu]

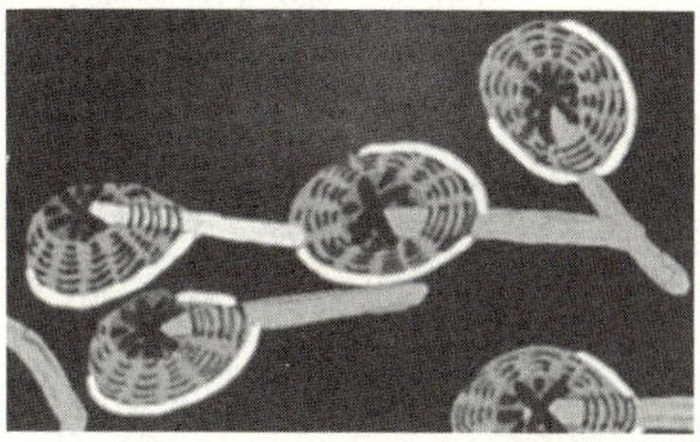

其构形为用竹子编织的漏勺的象形描写，后分化为二个字：(1)甾，本义指用漏勺捞取东西时将水控干、颠动的状态，古文中借用读音指“灾”(应与地震有关)；(2)由，本义指水从漏勺中自由进出的状态引申指：1)通过、经过，2)随心、随意，3)因此、因为。

舒[shū]

金文  小篆 

《**说文**》舒：伸也。从舍从予，予亦聲。一曰舒，緩也。傷魚切。

《**字典**》会意兼形声字，由表舒气义的舍和表伸展义的予两部分组成；予兼表声。合起来表示伸展。

补正：——舒[shū]

——漏勺象形符号。

——圆圈的象形描写。

二形合在一起，表示用漏勺在锅中轻轻推动食物（如饺子）的动作会意描写，舒的本义指轻而缓慢的动作，引申指感觉上的舒服、舒适。

宪[xiàn] 甲骨文  金文  小篆 

《说文》憲：敏也。从心从目，害省聲。許建切。

《字典》金文是形声字，以目为形，表眼明手快之义，以害省略口为声。本义为聪慧。

补正：——宪[xiàn]（憲）

——竹编的漏勺象形符号。

——眼睛的象形描写。

二形合在一起，表示用眼睛观察锅中煮的食物(面条等)是否熟了准备捞起时的状态会意描写；因为掌握火候要凭经验，故宪的本义指通过观察结合经验去做出判断并实施，引申指：(1)名词，模式、典范，再引申指法令、法规；(2)动词，效法、效仿，再引申指公布、显示。

曳[yè] 金文  小篆 

《说文》曳：臾曳也。从申丿聲。余制切。

《字典》形声字，申为形，丿（piě）为声。本义为拉、拖、牵引。

补正：——曳[yè]（见庚嬴鼎铭文）

——漏勺象形符号。

——用筷子夹住条状食物象形描写。

二形合在一起，表示用筷子将条状食物夹到漏勺中捞起的状态会意描写，曳的本义指“拽”，拉伸、拉扯。（见图：挂粉条）

堇[jǐn]

甲骨文  金文  小篆 

《说文》堇：黏土也。从土，从黄省。巨斤切。

《字典》堇在篆文中是会意字，由土和省略部分笔画的“黄”字构成，表示具有黄土的某种性质。堇的本义是指黏土。在篆文中另有一个形声字也读作 jǐn，艹为形，堇为声。其本义指一种草，可作药用，也可食用。两个字相合后的基本义是指堇菜。

补正：——堇[jǐn]

——革，一张完整的兽皮象形描写。

——两个入，表示充填、充实。

二形合在一起，表示将缝制好的皮囊中充实，类似于今天的动物标本（见图），堇的本义指紧、结实，现仅指一种野菜名。

汉[hàn]

金文  小篆 

《说文》漢：漾也。東爲滄浪水。从水，難省聲。呼旰切。臣鉉等曰：从難省，當作堇。而前作相承去土从大，疑兼从古文省。

《字典》古文字是会意字，由水、或（国的本字）和大三部分组成，合起来的意思是“国之大水”；繁体写作漢，是形声字，氵为形，難省去隹为声符。

补正：——汉[hàn]（漢）

——河流象形符号。

——皮囊象形描写。

二形合在一起，本义指皮肤上流出的汗水。汉现在的字义有：(1)汉江；(2)汉族、汉王朝；(3)强壮有力的男子。

皮[pí]

金文 小篆

《**说文**》皮：剥取獸革者謂之皮。从又，爲省聲。符羈切。

《**字典**》缺

补正：——皮[pí]

——半张兽皮象形描写。

——右手象形符号，表示灵活，柔软。

二形合在一起，本义指鞣制加工过的革。

叚[jiǎ]

小篆

《**说文**》叚：借也。闕。古雅切。

《**字典**》缺

补正：——叚[jiǎ]

——皮，半张兽皮象形描写。

——局部小面积。

二形合在一起，本义表示皮肤伤口处结的硬壳，即结痂。假的多种字义都由此引伸而来。

补正字表

参考书要目

1. 《说文解字》[东汉]许慎著，中国书店，1989.
2. 《说文解字译述》李恩江，贾玉民主编，中国农民出版社.
3. 《古代汉语字典》商务印书馆，2018.
4. 《现代汉语词典》，商务印书馆，2020.
5. 《康熙字典》影印版，中华书局，2010.
6. 《通用规范汉字字典》王宁主编，商务印书馆，2014.
7. 《甲骨文常用字字典》刘钊，冯克坚主编，中华书局，2019.
8. 《甲骨文小字典》王本兴编，文物出版社，2006.
9. 《商周金文》王辉编著，文物出版社，2006.
10. 《金文编》容庚编著，张振林，马国权摹补，中华书局影印，2011.
11. 《中华字海》冷玉龙等著，中华书局，中国友谊出版公司，1994.
12. 《汉字全息资源应用系统》汉字研究与现代应用实验室，北京师范大学，https://qxk.bnu.edu.cn/#/
13. 《文字起源》[美]丹尼斯·施曼特·贝瑟拉著，商务印书馆，2015.
14. 《古埃及圣书字导读》[英]马克·科利尔，比尔·曼利著，商务印书馆，2015.
15. 《世界文明史——舞蹈与神话》[日]山崎正和著，上海译文出版社，2014.
16. 《纳西象形文字实用注解》和宝林著，云南人民出版社，2014.
17. 《象形英文》[英]Emic Poke，艾小小编著，上海三联书店，2014.
18. 《文字系统：语言学的方法》[加]亨利·罗杰斯著，孙亚楠译，商务印书馆，2016.
19. 《苏美尔、埃及及中国古文字比较研究》拱玉书、颜海英、葛英会著，科学出版社，2009.
20. 《古本竹书纪年辑校订补》上海古籍出版社，2018.
21. 《竹书纪年解谜》[美]倪德卫著，上海古籍出版社，2018.
22. 《中国古代文化常识》马汉麟著，新世界出版社，2007.
23. 《山海经》作家出版社，2016.
24. 《澄衷蒙学堂字课图说》[清]刘树屏著，群言出版社，2015.
25. 《中国青铜器》马承源主编，上海古籍出版社，1997.
26. 《中国青铜器图录》李建伟、牛瑞红编著，中国商业出版社.
27. 《中国造型艺术辞典》郎绍君、刘树杞、周茂生主编，中国青年出版社，1996.
28. 《绥德汉画像石》李贵龙、蒲鹏著，陕西人民出版社，2013.
29. 《汉画像石》王洪震编，新世界出版社，2011.
30. 《中国户县农民画集》西安市文化局、户县人民政府编印，1998.
31. 《中国岩画艺术》冯军胜、班澜著，内蒙古人民出版社，2008.
32. 《中国民间剪纸》梁春兰著，人民美术出版社，2009.
33. 《世界文字发展史》周有光著，上海教育出版社，2003.

后 记

就我所见，对于汉字文字学理论而言，中国的文字学界大致可以划分为三个主流学派：其一是以许慎为代表的“六书”造字说学派；其二是以唐兰、陈梦家、裘锡圭为代表的“三书”造字说学派；其三是以周晓陆先生为代表的“二书运动”造字说学派。“二书”说认为汉字造字方法只有“会意和形声”基本的二种，即汉字是由“表意文字”发展为具有特色的“意音文字”。周晓陆先生是我国著名的考古学家、古文字学家，我与周先生结识是因为甲骨文。

做为一个工科背景的文字爱好者，我致力于甲骨文形义关系研究，完全是因为偶然看到一篇关于甲骨文发现 100 周年纪念活动的报道，其中提到甲骨文尚有近一半的文字还没有被破译引起了我极大的兴趣。我认为文字作为一套跨时空传递信息的符号系统，对于掌握这套符号系统的人来说它是文字，而对于不掌握这套符号系统的人来说它就是密码。就密码构成原理而言，密码通常都是由一定数量的符号通过不同的排列组合方法构成。

通过对比埃及圣书字和中国甲骨文这二种古老而神秘的象形文字，我形成了这样一个观点，即象形文字是由一定数量的象形符号单独或组合构成的形、音、义三位一体表达概念的最小语言单位。这也是我给象形文字下的定义。受埃及圣书字和甲骨文破译成果的启发，我认为甲骨文研究必须解决三个基本问题：一是甲骨文中使用象形符号的数量和含义；二是甲骨文象形符号组合表意采用了几种方法；三是甲骨文的读音问题（这个问题实际上也是殷商民族的属性问题）。要解决这三个问题实际上非常不容易。

但是甲骨文研究也有两个有利的条件：一是中国农耕社会的稳定性、连续性加上现代考古学及其他人文科学的成果，为我们了解和复原殷商时期的生产生活方式和时代文化背景提供了支撑；二是自甲骨文发现以来，经过几代学者的努力，近一半的甲骨文已成功破译，大部分象形符号的生活原型和含义是明确的，不明确的只是少部分。因为象形符号来源于当时生活中的普遍存在，人们见而可知其名其用，而共同生活经验是象形文字易懂易学易用的基础，也是由“密码”转化为文字的前提。因此，这少部分象形符号的生活原型应该可以在中国传统生产生活场景中找到。基于这一思路，结合《说文解字》部首和对会意字的解说，经过不懈探索，我最终将甲骨文中重复使用的象形符号数量确定为 251 个，并列出了《甲骨文象形符号一览表》。其次，通过对许慎“六书”造字说的审查，我认为除“假借”属于用法而非造字法外，“象形”“指事”都可以归入“会意”造字法，“转注”则可以归入“形声”造字法，从而提出了自己的“二书”（会意和形声）造字说的观点。最后，通过甲骨文中形声字以及古典文献中的方言特征等信息，确定了甲骨文的读音与陕西关中方言最为接近的结论（具体参见《字根论》第三章“我”是谁），关中方言实际上包括甘肃、陕西、山西、河南等省的一个较广大的范围。至此，甲骨文研究的三个关键问题基本上得到了有效解决。

原本我只是想试一试，看看能否破译几个甲骨文字，发几篇文章，但是深入以后才发现甲骨文破译难度之大远远超出想象。因为，即使知道了甲骨文象形符号的含义，但常常是仍然不能确定它们组合在一起后是何字何意。因此，我决定退而求其次，采用“象形符号含义分析法”对已破译的甲骨文的形义关系进行验证和解说，希望能够做些甲骨文知识的普及工作。但我发现即使这样，有时要想把一个甲骨文的形义关系说清楚，则离不开甲骨文的历史语言背景、社会生产生活背景以及时代文化背景，因为离开这些背景就很难把文字的形义关系说清楚。这些内容已经不是几篇文章所能承载的下了，所以就有了《字根论》一书。

我记得很清楚，当我拿着书稿去见周晓陆教授时，他问我的第一个问题就是我对许慎“六书”的看法。我说许慎和他的《说文解字》是一部承前启后、彪炳史册的文字学著作，但我也坦率地指出了“六书”说的失误之处，并说出了我的“二书”说观点。后来我才知道，其实周先生很早就在他的《汉字艺术》一书中提出了“二书运动说”的观点。我惊喜地发现，我和周先生对于汉字的认识有着许多的共同之处。

我们都认为文字学理论研究存在两个核心问题：一个是关于汉字的定义问题，另一个是汉字有几种造字方法的问题。汉字的定义反映对于文字本质的认识，是文字学构建的基础；同时，它也是衡量和判定文字的依据，在考古学及文明史的书写上具有重要意义。而汉字采用几种造字方法，则反映出对于汉字造字原理的认识。“二书”说使汉字的分类变得简单易行，为正确理解汉字的形义关系提供了前提条件。

我们都认为文字学理论面对三个方面的挑战：其一是甲骨文、金文等古文字的进一步破译；其二是古代早期经典的正确阐释（看看《老子》有多少种注释的版本，就知道该问题的重要性了）；其三是破解汉语国际推广中识字难的问题。文字学理论必须为解决现实问题发挥指导作用。

唐兰说：“我的文字学研究对象只限于形体。我不但不想把音韵学找回来，实际上，还得把训诂学送出去。”我们都认为唐兰的观点是非常有见地的。因为，象形符号以及由象形符号组合构成的象形文字，其字形和字义本身就是一个自足自证的逻辑关系，所以，从象形符号含义的角度对汉字形义关系解说是可行和可信的。

我们认为训诂学在考证古文字时常常犯了把可能性等同于必然性的失误。因为再多的可能性堆积列举也不能推导出必然性。文字的本质是表达概念，概念有内涵和外延之分，两个概念（二个字）的外延可以重叠，但绝不能因为两个概念的外延重叠而将两个概念的内涵等同。比如，“粥”和“汤”，稀粥可以说成米汤，但绝不能把“粥”等同于“汤”，也不能从“甲喝粥”和“乙喝汤”“丙喝汤”的句例推论出甲喝的“粥”也是“汤”。音韵学同样也存在着把个别现象当作普遍规律的问题。

我们还讨论了汉字艺术、汉字教学、汉字的未来等等方面的问题。

古文字尤其是甲骨文研究，注定是一次充满艰辛而又孤独的漫长旅程，我很幸运遇到了周先生这样一位亦师亦友的同道人，因为相伴而行使探索的旅程不再孤独，在探索的道路上可以走得更远更好。正是由于这些原因，当我的《说文补正》书稿完成后，我仍然恳请周先生为本书作序。

从2000年开始学习和研究甲骨文到本书的出版，不知不觉中已过去了二十年，距离我的第一本书出版又过去了八年。在这个过程中，我得到了许多师长、同学、朋友的关爱和帮助，我很想借本书的出版机会对他们表示衷心的感谢。我首先要感谢周伟洲老先生，正是他的大力推荐我才得以结识周晓陆教授。周伟洲老先生是我国著名的历史学家，我与周伟洲老先生并不认识，是朋友领我去见的他。当时我的第一本书稿完成以后，我希望找业内的专家先看一下，征求一下意见。周老先生在百忙之中热情接待了我们，几乎用了一下午的时间详细了解了我的观点和研究方法，在肯定的同时也给出了许多实质性的指导意见，并鼓励我把书稿出版，他的指导和肯定对我来说显得弥足珍贵。后来《字根论》出版以后，我又专程去拜访周老先生，并将书送给他，他看到书后非常高兴，希望我继续研究下去，还赠送给我由他主编的《西北少数民族多元文化与西部大开发》新书。周老先生关爱后学，不问出身，不求回报的大家风范令人敬仰。

在这里我还想对陕西三秦出版社以及出版社的资深编辑马静怡女士表示感谢。我的二本书都是经过她仔细校勘后由三秦出版社出版的，在出版过程中她多次与我沟通，提出了许多建设性的修改意见，她深厚的专业修养使我的书少了许多瑕疵和失误。同时，也要对负责装帧设计的吴菊云女士和负责版式设计的关丹丹女士的辛勤付出表示感谢。《字根论》一书出版后荣获了西安市第八次哲学社会科学优秀成果三等奖，这个荣誉也有她们的一份。

最后，也借此机会对一直关心和帮助过我的师友陆楣、石古、宫长为、郁鼎文、杨忠武、田忠林、辛建伟、盛义军、李二幸、王益生、张逢善、王友月、张克军、张友捷、李珩、霍云、杨锦、石新香、李晨英、王译锋、侯斌、何军，等等诸位先生、同学表示由衷的感谢。

目前，甲骨文作为世界文化遗产被世人所关注，越来越多不同学科背景的人参与到甲骨文研究的行列中，从不同的视角和方法为甲骨文研究和推广应用注入了新的活力。我一直认为，基于某一基本观点和方法而形成的学派及学派间的争鸣是一件好事，是有利于学术进步的。中国历史上每一次文化建设高潮都引发汉字问题的激烈争论。使全民正确了解和使用汉字是争论的目的所在，同时也是提高民族文化素养的奠基性工程。

汉字是原生态的文字，是文字中的活化石。甲骨文中承载着丰富的早期人类社会活动的历史文化信息，这些信息随着汉字的传承成为文化基因，以强大而神秘的力量塑造着中国文化的面貌和精神。我相信甲骨文中所蕴藏的巨大价值还远远没有被发掘出来，期待甲骨文研究有更多的发现和惊喜出现。汉字是中国农耕文明的产物，是古人智慧的结晶。从这个意义上说，甲骨文是中国的，也是世界的，是人类共同的财富。

焦永超

二〇二〇年八月